英汉文化对比翻译理论与实践

陈　敏 ◎ 主编

吉林出版集团股份有限公司

图书在版编目（CIP）数据

英汉文化对比翻译理论与实践 / 陈敏主编. — 长春：
吉林出版集团股份有限公司，2022.9
ISBN 978-7-5731-2165-3

Ⅰ．①英… Ⅱ．①陈… Ⅲ．①英语—翻译—研究
Ⅳ．①H315.9

中国版本图书馆 CIP 数据核字 (2022) 第 172966 号

英汉文化对比翻译理论与实践

主　　编	陈　敏
责任编辑	郭亚维
封面设计	林　吉
开　　本	787mm×1092mm　　1/16
字　　数	210 千
印　　张	9.5
版　　次	2022 年 9 月第 1 版
印　　次	2022 年 9 月第 1 次印刷

出版发行　吉林出版集团股份有限公司

电　　话　总编办：010-63109269
　　　　　　发行部：010-63109269

印　　刷　廊坊市广阳区九洲印刷厂

ISBN 978-7-5731-2165-3　　　　　　　　定价：68.00 元

前　言

　　众所周知，语言是人类交际的工具，它是伴随着自然环境和人文环境的产生而出现的。从本质上而言，语言与文化是密不可分的，语言是文化的载体，文化是语言的灵魂。每一种语言都有丰富的文化内涵，因此要想全面了解一种语言，就必须了解这一语言背后所蕴含的独特文化。

　　近年来，随着经济全球化的发展，世界各国间的文化交流也日益频繁，越来越多的人开始意识到翻译这一媒介的重要性，并给予翻译以广泛的关注。翻译是跨语言、跨文化的交际活动，这就意味着翻译不仅是语言转换的过程，更是文化传播的过程。在语言转换和文化传播过程中，语言与文化的对比自觉或不自觉地进行着，对翻译的质量和效果都产生了极大的影响。同样地，在英汉翻译中，通过英汉文化对比分析，了解英汉语言及文化之间的差异，掌握语言转换的技巧和规律，对英汉翻译具有十分重要的意义。

　　本书以英汉语言对比和英汉翻译两方面为核心，首先对翻译的理论进行概述和讲解，包括翻译的定义、分类、标准、过程、翻译的基本方法以及双语能力及译者的素质；对英汉词汇、句子、篇章对比与翻译，英汉修辞、语用、语义对比与翻译，英汉数字、色彩词、亲属称谓对比与翻译，英汉习语、典故对比与翻译，英汉动物、植物文化对比与翻译等进行多方位的阐述和梳理。

　　在成书过程中，笔者得到了许多专家学者的宝贵建议和热情指导，同时也参考了诸多学者的研究成果，在此表示最诚挚的谢意。由于时间仓促，笔者水平有限，书中难免会有纰漏之处，特恳请读者等批评指正。

目　录

第一章　翻译的理论概述

随着经济全球化的不断推进，世界各国、各地区之间的沟通与联系逐步深入，合作领域日渐扩大。在这个过程中，翻译作为一切交流活动的纽带发挥着越来越重要的作用。本章就来对翻译进行讨论，具体包括翻译的定义、分类、标准、过程以及基本的翻译方法等内容。

第一节　翻译的定义与分类

一、翻译的定义

"翻译"既可以指一种技能、一门学科，也可以指一种职业、一项活动，还可以指经由翻译活动而自动生成的产品。由于"翻译"一词含义众多，因此对于翻译的具体定义长期以来一直众说纷纭。国内外的许多学者都对翻译下过定义，下面就简单列举一些。

（一）国外学者对翻译的界定

英国著名语言学家和翻译理论家卡特福德（J.C.Catford，1965）认为，翻译是一种语言(源语)的话语材料被另一种语言(目标语)中对等的话语材料替代。【Translation may be defined as follows：the replacement of textual material in one language（SL）by equivalent textual material in another language（TL）.】卡特福德认为翻译主要是两种存在状态，一是源语即译出语，二是目标语即译入语。

美国翻译理论家尤金·奈达（Eugene A.Nida，1969）认为，所谓翻译，是指从语义到文体在译语中用最切近而最自然的对等语再现源语的信息。（Translating consists in reproducing in the receptor language the closest natural equivalent of the source language message，first in terms of meaning and secondly in terms of styles.）

韦努提（Venuti，1982）认为，翻译是译者依靠解释所提供的目的语中的能指链替代构成原语文本的能指链的过程。韦努提一反传统的"对等"角度的定义，否定了结构主义所信奉的所指与能指或自荐的对应关系，认为能指和所指是可以分裂的，符号与意义之间是不一致的，因此文本意义具有不确定性。在韦努提看来，翻译只是用一种表层结构代替另一种表层结构。

苏联语言学派翻译理论家费道罗夫（A.V.Fedorov）认为，翻译就是用一种语言把另一种语言在内容与形式不可分割的统一中所业已表达出来的东西准确而完全地表达出来。

纽马克（Peter Newmark）认为，通常翻译就是把一个文本的意义按原作者所意想的方式移入另一种文字。（Translation is a craft consisting in the attempt to replace a written message and ／ or statement in one language by the same message and ／ or statement in another language.Translation is rendering the meaning of a text into another language in the way the author intended the text.）

（二）国内学者对翻译的界定

谭载喜认为，翻译是把一种语言文字的意义用另一种语言文字表达出来的过程，它主要是一门技术，同时也具有许多艺术的特征，如它的创造性特征，但绝不是科学。谭载喜主要强调了翻译的技术性和艺术性。

王宏印认为，翻译是以译者为主体，以语言为转换媒介的创造性思维活动。所谓翻译，就是把见之于一种语言的文本用另一种语言准确而完整地再造出来，使译作获得与原作相当的文献价值或文学价值。

沈苏儒认为，翻译是把具有某一文化背景的发送者用某种语言（文字）所表达的内容尽可能充分、有效地传达给使用另一种语言（文字）、具有另一种文化背景的接受者。

冯庆华认为，翻译是许多语言活动中的一种，它是用一种语言形式把另一种语言形式里的内容重新表现出来的语言实践活动。翻译是一门艺术，是语言艺术的再创造。

张培基认为，翻译是运用一种语言把另一种语言所表达的思想内容，准确而完整地重新表达出来的语言活动。

由此可见，无论是国外学者还是中国学者，都将翻译视作一种文字之间的转换活动。需要特别强调的是，译者的任务只是转换文字而不是改变其意思。换句话说，译者必须谨慎地遵循原作者的意思，所选用的字词和句式结构必须如实地传达出原文的思想，实现译文的准确性。

二、翻译的分类

成功的译者应该能够根据译文的不同要求，有的放矢，量体裁衣，"创造"出不同的译文来，所以研究翻译的分类问题既是必要的，又是很有意义的。

（一）不同学者的分类

1. 卡特福德的分类

卡特福德根据翻译的范围、等级和层次对翻译进行了分类。

（1）根据翻译的范围，可将其分为全文翻译和部分翻译。全文翻译要求源语文本的每一部分都要用译入语文本的材料来替代。部分翻译是指源语文本的某一部分或某些部分可以不用翻译，只需将它们简单地移植到译入语文本中即可。需要注意的是，部分翻译并非节译，而是某些词因为各种原因不译或不可译，只能原封不动地搬入译文。

（2）根据语言的等级，即词素、词、短语或意群、分句或句子，可将翻译分为逐词翻译（word-for-word translation）、直译（1iteral translation）和意译（free translation）。逐词翻译是建立在单词级上的等值关系，意译"不受限制，可以在上下级之间变动，总是趋于向较高级的等级变动……甚至超过句子的层次"，直译则是介于逐词翻译和意译之间的翻译。

（3）根据翻译的层次（语法、词汇、语音、词形等），可将翻译分为完全翻译（total translation）和有限翻译（restricted translation）。完全翻译是指源语的语法和词汇被等值的译入语的语法和词汇所替换，有限翻译则是指源语的文本材料仅在一个层次上被等值的译语文本材料所替换。

2. 雅各布逊的分类

罗曼·雅各布逊（Roman Jaeobson）在《论翻译的语言学问题》（On Linguistic Aspects of Translation，1959）一文中从符号学的角度把翻译分为以下三种类型。

（1）语内翻译（intralingual translation）。语内翻译指同一语言间不同语言变体的翻译，如把方言翻译为普通话，把古英语翻译为现代英语等。

（2）语际翻译（interlingual translation）。语际翻译指发生在不同语言之间的翻译活动，如英汉互译、英日互译等。

（3）符际翻译（intersemiotic translation）。符际翻译指通过非语言的符号系统解释语言符号，或用语言符号解释非语言符号，如把语言符号用图标、手势、美术、电影或音乐来表示，或把旗语或手势变成言语表达等。

这三种翻译实践早已存在，但雅各布逊从符号学的新颖角度对其进行了高度概括，使这种分类获得了理论界的认可。

3. 纽马克的分类

1981 年，纽马克在专著《翻译问题探讨》（*Approaches to Translation*）中提出语义翻译（semantic translation）与交际翻译（communicative transla tion）的分类。

语义翻译是指在译入语语义和句法结构允许的前提下，尽可能准确地再现原文的上下文意义。交际翻译是指译作对译文读者产生的效果尽量等同于原作对原文读者产生的效果。

语义翻译与交际翻译的最大区别在于二者的侧重点不同。语义翻译力求保持原作的语言特点和表达方式，试图再现原文的美学价值，故而在整体结构与词序安排上与原文更加吻合。交际翻译则把原文中富有民族文化色彩的内容以符合目的语文化和语言习惯的方式表达出来，更多地考虑目的语读者的感受。

语义翻译与交际翻译虽有区别，但二者在实际使用过程中却相辅相成、互相补充。

4. 韦努提的分类

1995 年，韦努提在《译者的隐身》（The Translator's Invisibility）一书中根据译者在翻译时采取的文化姿态的不同，提出了两种翻译方法：归化法（domesticating method）和异化法（foreignizing method）。

归化法是指采用流畅的行文风格来为目的语读者减少源语言中的异域化色彩的翻译方式。异化法是指在一定程度上通过破除目的语的语言规范来保留源语言中的异域化特色的翻译方式。

归化法与异化法的选择主要受翻译动机的影响。如果翻译是为了取悦目的语读者，保持目的语的文化风格，则可采用归化法；如果翻译动机是为了保持源语文化的风格，实现文化的传播与渗透，可采用异化法。

"异化和归化"与"直译和意译"这两组概念的内涵并不完全等同。直译和意译讨论如何在语言层面处理形式和意义的问题，而异化和归化则突破了语言因素的范围，将视野延伸到语言、文化和美学等更加广阔的领域。

（二）不同角度的分类

1. 以对译文的要求为标准

以对译文的要求为标准，翻译可以分为以下四类。

（1）全译（full translation）。全译是将整个文献全部翻译过来，完整地保留原著的内容。对于一部科学名著、经典著作或重要文献，这种翻译必不可少。

（2）编译（edited translation）。编译是指在编辑原文语篇的基础上进行翻译，编辑包括摘选、合并、调序、增添、删减等。编译的内容可以是一篇文章、一本著作，也可以是多篇文章、多部著作。

（3）节译（abridged translation）。节译也是选取部分内容翻译，既可以选取主要内容，也可以选取读者可能感兴趣的内容。节译的原则是针对读者需要，确切传达节选部分的原作意义，译文简洁明了。

（4）摘译（selected translation）。摘译是选取一种文献中部分章节或段落进行翻译，保留原文的主要内容，删除那些次要内容。因此，摘译无须像编译那样对多种文献进行编辑加工。

节译是为了满足某种需求机械地、生硬地删节，摘译则强调对全文内容有重点地选择。

2. 以原文的种类为标准

以原文的种类为标准，翻译可以分为"一般语言材料翻译""文学翻译"和"专业（科技）翻译"。

一般语言材料翻译是指除文学翻译和专业（科技）翻译之外的所有翻译。具体来说，它包括报刊文章的翻译、各种应用文的翻译等。

文学翻译就是文学作品的翻译，具有"长""突""高""大""雅""创""灵"等特点，要求译者具备一定的文学素养。

专业（科技）翻译包括科技翻译、商务翻译、外交翻译、军事翻译、法律文件翻译、马恩经典著作翻译等。我国译界从前把专业翻译通称为"科技翻译"，但随着社会的进步，专业翻译的范围越来越广，因此将其名称修改为"专业（科技）翻译"。

3. 以翻译的手段为标准

以翻译的手段来分类，翻译可分为"笔译"（written translation）和"口译"（oral translation）。

笔译是最常见的翻译手段。口译按照操作形式的不同可以分为以下几种。

（1）持续口译（consecutive interpretation）。

（2）同声传译（simultaneous interpretation）。

（3）耳语口译（whispering interpretation）。

（4）视阅口译（sight interpretation）。

（5）联络口译（1iaison interpretation）。

（6）接力口译（relay interpretation）。

这六类口译形式中，最常用的是持续口译和同声传译。

4. 以工作主体为标准

以工作主体为标准，翻译可以分为"人工翻译"与"机器翻译"。

机器翻译是现代智能科学和现代对比语言学相结合的产物，大多依赖于设备或软件，可望在某些领域代替人工翻译。在机器翻译出现之前是没有"人工翻译"这个名称的。20世纪70年代出现了机器翻译之后，翻译理论界不得不使用"人工翻译"一词来与机器翻译相区别。

5. 以翻译方向为标准

从译出语和译入语的角度来分类，翻译可分为译出和译入。译出指由本民族语言翻译为外国语言。译入是指由外国语言翻译为本民族语言。

译出与译入是两个相对性的概念，依翻译人员母语的不同而不同。例如，同样是汉译英，如果译者的母语是汉语，则对他来讲汉译英属于译出；如果译者的母语是英语，那么汉译英对他来讲就是译入。

第二节　翻译的标准与过程

一、翻译的标准

翻译标准是翻译活动的准绳，是衡量翻译质量的尺度，是整个翻译工作的指导原则。针对这一核心问题，古今中外的语言学家和翻译家们给出了不同的意见。下面就来介绍一些比较有影响力的观点。

（一）外国关于翻译标准的理论

1. 泰特勒的"翻译三原则"

英国爱丁堡大学教授、英国学者、翻译理论家泰特勒（Alexander Fraser Tytler）在《论翻译的原则》一书中提出，翻译必须遵循以下三个原则：

（1）译文应该完全传达原文的思想。（A translation should give a tomplete transcription of the ideas of the original work.）

（2）译文应像原文一样流畅。（A translation should have all the ease of the original composition.）

（3）译文的风格和笔调应与原文的一致。（The style and manner of writing should be of the same character as that of the original.）

应该说，泰特勒的翻译三原则从思想内容、表达效果、风格笔调三个角度强调了对原文的忠实，在将"忠实"作为翻译的首要标准的同时，也强调了译文的表达。

2. 费道罗夫的"等值论"

苏联的翻译理论家费道罗夫是第一个从语言学角度对翻译理论进行系统研究，并向传统的翻译理论研究发起挑战的学者，他于 1953 年出版了《翻译理论概要》一书。该著作是苏联第一部从语言学角度研究翻译理论的专著，其核心内容就是"等值论"或等值翻译。他在书中提出了"等值"这个术语，用在翻译方面明确地表示下述概念：（1）与原文作用相符（表达方面的等值）；（2）译者选用的语言材料的等值（语言和文体的等值）。

费道罗夫坚持认为译文与原文之间完全可以确立确切对等的关系，他的观点曾在我国的翻译理论界产生过重大影响。

3. 奈达的"动态对等"

奈达在《翻译科学探索》（1964）一书中从语言和翻译的基本原理出发，提出了形式对等（formal equivalence）和动态对等（dynamic equivalence）理论。奈达认为，由于两种语言在语法、文风与思维上的不同，采用形式对等可能会带来问题。而动态对等是指"原文信息在接受语中得以传递，以至于译文接受者的反应与原文接受者的反应基本相同"。这就是著名的"动态对等"标准，有时也被称为"读者反应"或"功能对等"标准。奈达把读者因素纳入翻译标准里，拓展了翻译标准的内涵，对翻译理论的进步做出了重大贡献（高华丽，2009）。

（二）中国关于翻译标准的理论

1. 严复的"信、达、雅"

国内最有影响力的翻译标准当数清末翻译家严复于1898年在《天演论》的《译例言》中提出的"信、达、雅"（faithfulness，expressiveness and ele gance）三字标准。

所谓"信"，是指译文应该抓住全文要旨，对于词句可以有所颠倒增删，只要不失原意，不必斤斤计较词句的对应和顺序。但只有"信"是不够的，"达"非常重要，只"信"而不"达"，译了等于没译；只有做到"达"，才能做到"信"。"达"要求译者必须通读全文并达到融会贯通的程度后再开始翻译。所谓"雅"，是指"古雅"，译文必须"雅"，否则没有人看。这一标准简明扼要、层次清楚、适用面广，得到人们的广泛认可和接受，在中国沿用百年之久。

随着时代的进步，人们也不断赋予"信、达、雅"新的内涵。例如，"雅"不再是"古雅"，而是指译文要有美学价值，能带给读者艺术上的享受和精神上的满足。总之，"信、达、雅"的翻译标准对我国的翻译理论影响极大，至今仍有不少人言必称"信、达、雅"。

2. 鲁迅的"信"和"顺"

20世纪30年代，鲁迅在《且介亭文二集》中提出了"信"和"顺"的翻译标准："凡是翻译，必须兼顾着两面，一当然力求其易解，二则保存着原作的风姿。"这里的"力求其易解"和"保存着原作的风姿"，实际上就是一种在直译、意译完美结合中获得的信与顺的理想状态。

3. 林语堂的"忠实、通顺、美"

1937年，林语堂在为吴曙天编选的《翻译论》一书所撰写的序中提出"忠实、通顺、美"的翻译标准。他认为译者不但要求达义，并且要以传神为目的，译文必须忠实于原文之字神句气与言外之意。这一提法实际上是对严复的标准的继承与拓展，用"美"代替了"雅"。

此外，具有代表性的翻译标准还有傅雷的"神似论"、钱钟书的"化境论"、许渊冲的"意美、音美、形美"等。

以上介绍的国内外诸多学者就翻译的标准问题所提出的观点，分别从不同角度和层次阐述了自己的看法，各有其合理性与不足之处。目前理论界普遍认可的翻译标准是"忠实、通顺"原则。所谓"忠实"，是指译作应忠实于原作的内容，译者必须把原作的内容完整而准确地表达出来，不得有篡改、歪曲、遗漏、阉割或任意增删的现象。

所谓"通顺"，是指译文的语言必须通顺易懂，符合规范，没有逐词死译、硬译的现象。张培基清晰地阐述了忠实与通顺的关系，他指出："忠实与通顺是相辅相成的。忠实而不通顺，读者看不懂，也就谈不到忠实；通顺而不忠实，脱离原作的内容和风格，通顺也失去了作用，使译文成了编纂、杜撰或乱译。"

二、翻译的过程

翻译是以译者为主体，以正确理解原文为前提，以运用另一种语言再现原文的感情、思想、风格等为方式的创造性活动。因此，翻译的过程可以分为理解、表达和审校三个阶段。

（一）理解阶段

理解是翻译过程的第一步，正确而透彻地理解原文，是译文恰当表达原文的先决条件。对原文的理解主要涉及语言现象与背景信息两个层面。

1. 理解语言现象

（1）理解词汇的含义

英语中存在很多一词多义的现象，同一个词在不同的语言环境中往往有不同的含义。因此，在翻译过程中除了要注意词的一般意义，还要注意词在具体语境中的引申含义。例如：

In the sunbeam passing through the window are fine grains of dust shining like gold.

细微的尘埃在射进窗内的阳光下像金子般闪闪发光。

原文中的"fine"一词不能译为其字面意义"好的"，而应理解为"纤细""微小"。

（2）理解句法结构

句子是相对完整而独立的语言单位，是一定的语法结构、语音结构和词汇意义的统一体。英汉两种语言，根据句子结构分类，虽然都有单句、复句之分，但也有很大差别。因此，译者只有对原文进行深入分析和理解，确定语义重心和分句间的逻辑关系，分清主次和事理顺序，按照汉英各自不同的语言习惯和思维方式安排句子结构，才能把原句的意思和逻辑准确表达出来。例如：

There was no living in the island.

那岛不能居住。

要想正确翻译原文，需要准确理解英语中句型"there is no....+ 动名词"的意思，这一句型实际上相当于"we cannot+ 动词原形"或"it is impossible to do...."，因此原文如果译为"那岛上无生物"就是错误的。

（3）理解逻辑关系

有时原文里的一个词、一个词组或一个句子可能有几种不同的意思，译者应透过文字表层去挖掘文字背后的深层逻辑，通过对上下文内容的衔接、铺垫、呼应、总结等逻辑关系的分析，来决定哪一种是确切的译法。例如：

It is good for him to do that.

译文1：这样做对他有好处。

译文2：他这样做是件好事。

这句话有以上两种意思，两种译文都是正确的。这时，译者必须从上下文来推理，选用一种合乎逻辑的译法。

2. 理解背景信息

理解与文章有关的背景信息应从以下几个方面做起。

（1）了解作者。了解作者的简略生平、生活时代、政治态度、社会背景、写作风格等，对全面地理解文章起着不可忽视的作用。

（2）了解作品。了解作品的创作背景、创作目的，作品内容所反映的时代背景，作品成书后的传播情况，如版本、评注、译文及社会影响等，有助于客观真实地向读者展现原文风貌。

（3）理解全文基调。每部作品都有自己的主题思想，都直接或间接地体现了作者的写作用意，如歌颂与讽刺、支持与反对、褒扬与贬低等。只有把握全文的基调，才能避免翻译活动的方向性错误。

（4）弄清文化背景。各个国家由于自然、历史、地理条件的不同而形成了风格迥异的文化，包括语言文化中的用词、比喻等习惯表达。因此，翻译时必须弄清历史文化背景的具体含义，如典故、传说、名称的来历等，切忌望文生义。

（5）理解原文所涉及的专业知识。如果文章涉及某些专业领域，如医学、生物、法律等，译者就必须了解、掌握一些相关的专业知识，补充相关词汇和专业术语并熟悉行业背景。

（二）表达阶段

理解是表达的前提，表达是理解的目的和结果。表达的任务就是译者把自己从原文中所理解的内容用本族语言重新表达出来，表达的好坏主要取决于对原文理解的深度以及对译文语言的驾驭能力，包括译语水平、翻译方法和修辞手段等因素。表达恰当得体才是翻译的最终目的。

在表达过程中需要处理好以下两个问题。

（1）处理好内容与形式的关系。任何文章都是内容与形式的统一体，内容的表达需要借助一定的形式，特定的形式往往表达特定的内容。这就要求译者既善于使用目的语表达出原文的内容，还要尽可能地保存其原有的形式，如逻辑层次、全文架构、作品体裁、修辞手法等，以达到内容与形式的完美统一。

（2）处理好直译与意译的关系。作为两种最基本的方法，在翻译中都起着重要的作用，但是对于两种方法哪一个更好，历来就有争议，直译派倾向于直译，意译派则更青睐意译。实际上，这两种翻译方法没有优劣之分，而且到今天，翻译界已经基本达成了共识：直译和意译应当相互兼容和补充。也就是说，一个句子到底应该采用直译法还是意译法，往往要考虑其文体、翻译的目的、读者、语境等因素，而不是一成不变的。事实上，很多情况下会采用综合法，即直译和意译相结合的方式来处理译文。

（三）审校阶段

审校阶段是理解与表达的进一步深化，是对原文内容进一步核实以及对译文语言进一步推敲的阶段，是翻译过程的最后一个环节。审校并不是一个可有可无的过程，而是非常必要的。具体来说，审校应从以下几个方面入手。

（1）校核译文的段、句或重要的词有无错漏。

（2）校核译文在人名、地名、日期、方位、数字等方面有无错漏。

（3）检查成语以及其他固化的表达结构，包括各种修辞手法和修辞习惯等方面有无错漏。

（4）检查译文的逻辑关系是否清晰。

（5）检查译文的风格是否与原文的风格一致。

（6）力求译文没有冷僻罕见的词汇或陈词滥调，力求译文标点符号的使用正确无误。

第三节　翻译的基本方法

一、音译法

在翻译某些特指名词或具有丰富民族文化内涵的词时，为了保持原词的异域风格或避免在翻译过程中造成含义缺失，常常采取保留原词发音特点的翻译方法，即音译法。音译法的适用范围较为广泛，常见于以下领域。

（1）科技领域。例如：

AIDS 艾滋

hacker 黑客

mousse 摩丝

nylon 尼龙

radar 雷达

（2）医药领域。例如：

vitamin 维他命

hormone 荷尔蒙

aspirin 阿司匹林

gene 基因

（3）商标领域。例如：

Rolex 劳力士（手表）

Nokia 诺基亚（手机）

Sony 索尼（电子产品）

Addidas 阿迪达斯（体育用品）

Icarlus 伊卡璐（洗发水）

（4）文化领域。例如：

waltz 华尔兹（舞）

ballet 芭蕾

golf 高尔夫

marathon 马拉松

（5）生活领域。例如：

chocolate 巧克力

whisky 威士忌

miniskirt 迷你裙

carnation 康乃馨

二、直译法

直译法是指既忠实于原文内容又考虑原文形式的一种翻译方法。直译强调"形似"，即依照原文的形式将其逐一翻译出来，这就使直译过来的译文概念明确，便于理解。例如：

During the liberation War，Jiang kai-shek was armed to teeth.

在解放战争时期，将介石的部队武装到了牙齿。

此例使用了直译法，译文不仅在形式上、结构上与原文保持一致，而且在意象上也与原文保持一致。

In the afternoon，you can explore the city by bicycle-and the fact that bikes for both adults and children can be rented for free makes this method of transportation more fun!Bicycles are available all year round from Velogate by the Swiss National Museum and，from May to October，from outside Globus City，the opera House and Swissotel Oerlikon.

下午可以骑自行车游览整个城市——可免费租用适合成人及儿童的自行车，从而使这种游览方式更加有趣！瑞士国家博物馆附近的富勒门全年提供自行车租赁服务，5月至10月期间，游客还能在格劳博城、歌剧院以及欧瑞康瑞士酒店外租到自行车。

本例原文主要介绍了在瑞士租自行车游览城市的一些信息，由于原文中并未涉及包含浓厚文化色彩的事物，因而译文采用了直译的方法就将原文信息原原本本地传递了出来。

可见，采取直译法既不改变源语的形式，也不改变源语的内容，而是尽量将原文的词序、语序、词汇意义、句法结构、修辞方式、文体风格、地方色彩和民族特色保留下来，从而使译文与原文在形式、内容上都相互一致或基本相似。

三、意译法

尽管汉语词汇丰富，但汉语在表音和表形方面很难达到字母语言的程度，这时就需要采取意译法。所谓意译，就是将一种语言所表达的意义用另一种语言做释义性解释。意译强调"神似"，即依照原文，把原文的意义灵活地在译文中表达出来。例如：

She was born with a silver spoon in her mouth, she thinks she can do what she likes.

她生长在富贵之家，认为凡事都可以随心所欲。

此句中 born with a silver spoon in her mouth 是高贵的象征，而 do what she likes 则说明她的家世让她不可一世。因此，译者将其翻译为"富贵之家"和"随心所欲"，既准确地传达了原文的含义又符合汉语的表达习惯。

在商务领域，为了拉近与消费者的距离，商家在广告翻译过程中也常常使用意译法。例如：

Laurent Beaute invites you to discover his new collection of colors....delicate corals, pinks and peaches for lips; matte, muted earthy neutrals for eyes.

劳伦美人请您欣赏新进的一批色彩各异的化妆品：优雅口红系列：红珊瑚色、粉红色、桃红色；非彩色眼妆系列：暗哑的、柔和的自然色。

译文在翻译原文中的 Laurent Beaute, corals, pinks, peaches 等词时采取了意译法，将其分别译为"劳伦美人""红珊瑚色""粉红色"和"桃红色"，使消费者易于理解。类似的例子还有很多。再如：

UPS.On time, every time.

UPS——准时的典范。（UPS 快递广告）

The Color of Success!

让你的业务充满色彩！（美能达复印机广告）

四、归化法

归化法（domestication / adaption）是指译者在对源语的语言形式、语言习惯和文化传统进行处理时，用符合目的语的语言习惯和文化传统的"最贴近自然对等"概念进行替换翻译，从而更好地实现动态对等或功能对等。归化法的优点在于译文读起来比较地道和生动，可使普通读者更好地理解原文，消除隔阂，真正达到文化交流的目的。例如：

He is a real Jekyll and Hyde：at home he's kind and loving，but in business he's completely without principles.

他真是个具有双重性格的人：在家和蔼可亲，可在生意场上，他却完全不讲道义。

Jekyll and Hyde 出自英国作家斯蒂文森（Robert Louis Stevenson）的小说《化身博士》（*The Strange Case of Dr.Jekyll and Mr.Hyde*）。该小说主人翁把自己当作实验对象，结果导致人格分裂，白天是善良的 Jekyll，夜晚却成为邪恶的 Hyde，译者用归化译法将 Jekyll and Hyde 译为"双重性格"，舍弃了原文的字面意思，保留了其真实含义。

Julia：....Best sing it to the tune of "light of love".

Jucetta：It is too heavy for so light a tune.

（The two Gentlemen of Verona，Act I）

茱莉雅：……可是你要唱就按《爱的清光》那个调子去唱吧。

露西塔：这个歌儿太沉重了，和轻狂的调子不配。

（朱生豪译）

原文中的两个 light 属于多义词构成的双关，而译文中的"清光"（qing guang）与"轻狂"（qing kuang）不仅读音相似，而且也与原文中暗含的意义相吻合，这种归化处理非常传神地传递了源语中的双关语所要表达的内容。

归化法还可以用于习语的翻译。例如：

as poor as a church mouse 穷得像叫花子

fish in troubled waters 浑水摸鱼

Make hay while the sun shines.

趁热打铁。

There is no smoke without fire.

无风不起浪。

大海捞针 look for a needle in a bundle of hay

骑虎难下 hold a wolf by the ears

班门弄斧 teach fish to swim

三个臭皮匠，顶个诸葛亮。

Two heads are better than one.

需要注意的是，译者在采用归化法时切忌"归化过度"，如将 to volunteer one's service 译为"毛遂自荐"，将 at the beginning of one's career 译为"初出茅庐"等，这种译法不仅会破坏原作的异国情调，还会给译语读者制造"文化误导"。

五、异化法

异化法（alienation ∕ foreignization）是指译者在翻译时忽略目的语读者的接受水

平，使译作在风格和形式上完全保留源语的语言特点、文化思想和艺术特色。韦努提在《翻译的策略》一书中将异化翻译定义为："偏离本土主流价值观，保留原文语言和文化差异。"例如：

So they told you to get out and stop out，did they?Well，what can you expect from a pig but a grunt?They are far from being refined people as you should have seen.

他们就那样叫你滚蛋，把你轰了出来，是吗？算了吧，你难道还指望猪嘴里还能吐出什么好听的词儿来吗？他们可不是你所见过的那种有教养的人。

译文没有以"狗嘴里吐不出象牙来"对原文进行归化式翻译，而是通过异化翻译，保留原文的表达形式和语言色彩。

他们的拉扯姿势，讲价时的随机应变，走路时的抄近绕远，都足以使他们想起过去的光荣，而且用鼻翅扇着那些后起之辈。

（老舍《骆驼祥子》）

Their pulling posture，their adroit bargaining，and their shrewd use of shortcuts or circuitous routes are enough to make them relive past glories and turn up their nose at the younger generation.

上例中的译文完全保持了和原文同样的句式结构，并且使用了汉英两种语言中内涵相同的形象词"鼻子"来传递原文的内涵，达到了与原文形神兼似的良好效果。

异化法同样可以用于习语的翻译。例如：

Trojan horse 特洛伊木马

soap opera 肥皂剧

dark horse 黑马

Pandora's box 潘多拉的盒子

铁饭碗 the iron rice—bowl

半边天 half the sky

暴发户 instant rich

纸老虎 paper tiger

需要注意的是，异化法有两个限度：一是译语语言文化的限度；二是译语读者接受能力的限度。换句话说，译者在运用异化翻译策略时，既不能超越译语语言文化的规范限度，也不能超越译语读者的接受限度。

六、合译法

合译法是指把两个或两个以上的句子合译成一个句子，或把并列复合句或主从复合句合译成一个句子的翻译方法。合译法可以使译文结构简练，主题突出。需要注意的是，采用合译法时必须对译文进行全盘考虑，努力避免漏译的发生。一般来说，合译法适用于以下几种情况。

（1）将两个或多个简单句合并为一个单句。例如：

His father had a small business in the city of Pisa.This city is in the north of Italy near the sea.

他的父亲在意大利北部近海的比萨开小铺做生意。

It was April 1945.The Second World War was coming to an end.

1945 年 4 月，第二次世界大战已接近尾声。

The young man was very miserable.He had no money about him.All

his savings had been stolen.

这个年轻人惨到身无分文的地步，因为他所有的积蓄都被偷走了。

（2）将复合句译为简单句。例如：

When we praise the Chinese leadership and the people，we are not merely being polite.

我们对中国领导人和中国人民的赞扬不仅仅出于礼貌。

The flower is so beautiful that I cannot describe it with words.

我无法用语言来形容这朵花的美丽。

It turned out to be that our team had won the championship.

结果我们队赢得了冠军。

（3）将两个或多个复合句译为一个句子。例如：

He felt free to do what he wished.Can you take what he has done?

他想怎么做就能怎么做，你能忍受他所做的一切吗？

It was in mid—July，and the repair section operated under the blazing sun.

七月中旬，修理组人员在骄阳下工作。

Sometimes she tried to get her husband to let up on her boy but at other times she，too，swung the paddle.

有时候她设法说服丈夫不要对儿子那么凶，可是有时候她自己也动手打人。

七、增减译法

（一）增译法

增译法是指在译文中增加必要的语句成分，从而保证译文句法结构的完整性，并且在文化背景或修辞手法方面与原文相符。增译法一般在以下三种情况下使用。

1. 语法方面的增译

英汉两种语言在用词和句法方面存在很大的差异，因此在翻译时通常需要根据语法的需要，对各类词汇或是一些特殊句式进行增译处理。例如：

She is not born for wiring and mothering.

她这个人不是做贤妻良母的料儿。（增加名词）

Reading makes a full man，conference a ready man，writing an exact man.

读书使人充实，讨论使人机智，写作使人准确。（增加动词）

"Army will make a man of him", said his father.

他的父亲说："军队会把他造就成一个堂堂的男子汉。"（增加形容词）

The hungry boy is wolfing down his dinner.

那个饥饿的男孩正狼吞虎咽地吃晚饭。（增加副词）

Auto companies have been forging across—border alliances in recent years to share technology, which has become increasingly complex and expensive to develop.

近年来，各家汽车公司一直在打造跨国联盟以分享技术，因为技术研发已经变得日益复杂和成本昂贵。（增加连接词）

He smiled suddenly, exposing a set of amazing white teeth.

他突然一笑，露出一口雪白的牙齿。（增加量词）

The worker bees after a hard day in the field return to the hive. And after depositing their evening harvest take their stand and begin fanning with their wings.

工蜂在野外辛勤忙碌了一天之后纷纷返回蜂房，存放好从早到晚采集到的东西，便各就各位扇动起翅膀来。（增加表示复数概念的词）

I had imagined it to be merely gesture of affection, but it seems it is to smell the lamb and make sure that it is her own.

原来我以为这不过是一种亲热的表示，但是现在看来，这是为了闻一闻羊羔的味道来断定是不是自己生的。（增加表示时态的词）

But to almost everybody she was a fine and picturesque country girl, and no more.

不过，几乎在每个人看来，她只不过是一个标致如画的乡下姑娘而已。

（增加语气助词）

2. 修辞方面的增译

修辞方面的增译是指为了达到原文的修辞效果，在翻译原文中的比喻性词语、成语、歇后语、双关语时适当地增补一些词语或是重复性的修饰词。例如：

The crocodile tears.

猫哭耗子，假慈悲。

It catered to large appetites and modest purses.

它迎合胃口大而钱囊羞涩的食客。

Seeing falsely is worse than blindness and speaking falsely than silence.

所见不真，犹不如盲；所言不实，犹不如哑。

3. 文化方面的增译

语言是一个民族文化的载体，不同国家或民族有着不同的文化背景。因此，有些内容在一国尽人皆知，但对他国读者来说却难以理解。此时，译者应对那些具有浓厚文化色彩和历史背景的信息进行必要的补充说明。例如：

路左有一巨石，石上原有苏东坡手书"云外流春"四个大字。

To his left is another rock formerly engraved with four big Chinese characters Yun Wai Liu Chun（beyond clouds flows spring）written by Su Dongpo（1037—1101），the most versatile poet of the Northern Song Dynasty（960—1127）.

译文用 beyond clouds flows spring 来帮助读者更好地理解"云外流春"的含义。另外，对苏东坡的身份、所处的年代和朝代及公元年份进行了补充说明，大大有助于读者对原文的理解。

Those were the words that were to make the world blossom for me，"like Aaron's rod，with flowers".（Helen Adams Keller.The Story of Myself）

后来，就是这些词把一个美好的世界展现在我的面前，就像《圣经》中所说的"亚伦的杖开了花"一样。

许多中国读者对《圣经》不甚了解，在读到"亚伦的杖开了花"时会不知所云。因此，这里十分必要地增加了解释性的话语，告诉读者这个典故引自《圣经》，这样意思就清楚多了。

（二）减译法

由于英汉语句衔接方式的不同，如果一字不差地将原文翻译过来，往往会造成译文啰唆和语句冗长的现象。因此，在忠实于原文的基础上，适当地使用减译法可使译文简洁明了，清晰流畅。减译通常适用于以下三种情况。

1. 语法方面的减译

英汉两种语言在词汇搭配、句子结构、表达顺序等方面有很大的不同，因此，在英汉翻译的过程中为了使句意清晰，并适应译入语的语言习惯，可以按照语法需要对原文进行减译。例如：

A square has four equal sides.

正方形的四条边相等。（删减动词）

Going through the process of heat treatment，metals become much stronger and more durable.

经过热处理后，金属强度更大，更加耐用。（删减名词）

The girl standing at the window is my sister.

站在窗口的女孩是我姐姐。（删减冠词）

She laid her hand lightly on his arm as if to thank him for it.

她轻轻地把手放在他的胳膊上，好像表示感谢。（删减代词）

Early to bed and early to rise is the way to be healthy and wise.

早睡早起使人健康聪明。（删减连词）

Smoking is prohibited in public places.

公共场所禁止吸烟。（删减介词）

2. 修辞方面的减译

英语中常常会出现重复词语并列使用的现象。为了使译文语言简洁、层次分明，在翻译的过程中不必将原文全部译出，而是可以将一些繁复的词语删去，从而取得较好的修辞效果。例如：

If we live through optimistic hope，if we dare to dream，if we empower our selves to fully lives，then we have regained our sense of happiness.

只要我们活在乐观希望之中，敢于拥有梦想，充实地生活，那么我们就会重新拥有幸福的感觉。

原文中出现了三个 if we，在翻译时没有必要照搬原文全部翻译过来，因为那样会使译文显得啰唆冗长，故只翻译其中一个即可。

我厂能生产大衣、西装、时装、衬衣、毛衣等不同类型服装用得上千个花色品种的纽扣，产品规格齐全、品种多样、造型新颖。（某纽扣制造商广告）

The factory can produce various new types of buttons in thousands of different designs for coats，suits，fashions，shirts and sweaters.

译文中将"规格齐全、品种多样、造型新颖"等信息综合为 various new types，既传达了原文的所有信息，又使内容集中精练。

3. 文化方面的减译

英语句式构架严整、思维缜密、行文流畅、用词简洁。然而，汉语的表达方式不仅注意工整对偶、节奏铿锵，还习惯于引用古诗名句，如果直译为英语，就会显得啰唆。因此，为了避免译文累赘，也为了避免不必要的理解误差，翻译时可以将不符合目的语思维习惯、语言习惯和表达方式的字词予以删减。例如：

"烟水苍茫月色迷，渔舟晚泊栈桥西。乘凉每至黄昏后，人依栏杆水拍堤。"这是古人赞美青岛海滨的诗句。青岛是一座风光秀丽的海滨城市，夏无酷暑，冬无严寒，西起胶州湾入海处的团岛，东至崂山风景区的下清宫，绵延 80 多华里的海滨组成了一幅绚烂多彩的长轴画卷。

Qinqdao is a beautiful coastal city.It is not hot in summer and not cold in winter.The 40-km-long scenic line begins from Tuan Island at the west end to Xiaqing Gong of Mount Lao at the east end.

"Qingdao is a beautiful coastal city"，这句话对古诗进行了简洁的概括，虽然译文把古诗全部删减不译，但不影响读者对原文其他信息的理解。

江岸上彩楼林立，彩灯高悬，旌旗飘摇，呈现出一派喜气洋洋的节日场面。千姿百态的各式彩龙在江面游弋，舒展着优美的身姿，有的摇头摆尾，风采奕奕；有的喷火吐水，威风八面。

High—rise buildings，ornamented with colored lanterns and bright banners，stand along the river banks.On the river itself decorated dragonshaped boats await their challenge，displaying their individual charms.Some wag their heads and tails and others spray fire and water.

原文中具有修饰功能的形容词，如"彩""呈现出一派喜气洋洋的节日场面""千姿百态的""优美的身姿""威风八面"等词在译文中均未译出，而是通过实质性陈述使读者感受出这些气氛，符合英语强调实质性表述的特征。

第四节　双语能力及译者的素质

有人认为，只要把语言学好了、学通了，那么翻译就是易如反掌了。事实上，有良好的语言功底只是成为一名优秀的译者的一个必要条件，它并非充分条件，语言只是基础而已。现在各行各业的翻译，需要我们广大译者懂得专业的知识，不达到精通的水平至少也要了解个大概背景。此外，每个领域对于翻译的要求不同，译者还要对每个领域的文体特征、翻译要求做些相应的了解。总之，做好翻译不是一句空话，要脚踏实地切切实实地去努力才能做好。下面，笔者将从四个方面谈起，简要说明如何提高自身素质从而成为一名优秀译者。

一、具有较高的语言素质

翻译涉及的是两种语言，要想运用一种语言把另一种语言所表达的内容忠实地表达出来，译者就必须具备掌握这两种语言的能力。本国语和外语的素质高低直接影响着译作的质量。因此，译者必须具有较高的语言素质，要能够用纯正地道的语言把要表达的意思表达清楚。茅盾先生曾认为"精通本国语文和被翻译的语文是从事翻译的起码条件"。这是千真万确的真理。翻译工作者应有的语言素质包括两个部分：本族语的语言素质和外语的语言素质。不管是哪门语言，我们都必须认真研习，才能真正学好这门语言。

对于语言的要求（以英文为例），首先就必须具备扎实的英语基础，特别是要有很强的阅读和鉴赏能力。译者水平的高低，首先取决于他对于原作的阅读理解能力。为了能够切实提高英语阅读理解力，必须抓好三个环节：一是要掌握足够的英语词汇，词汇量不足，离开词典寸步难行，就很难做好翻译工作；二是掌握系统的语法知识，确保语法层面不出错，或者很少出错；三是应该大量阅读英语原著，不断丰富自己的语言知识，提高语言感悟力。比如，All that glitters is not gold，不是"所有光辉灿烂的都不是金子"，而是"所有光辉灿烂的并非都是金子"；He sleeps late 不是"他睡得很晚"，而是"他起得很晚"；I shall not exped you mitil I see you 不是"我不期待你知道见到你"，而是"你随便什么时候来吧"。实践证明，仅凭少量的语言知识和少许支离破碎的语言概念，处处依靠词典，把"字字对应"视为"法宝"，是很难做好翻译的。高水平的译者，必须具备高水平的理解能力，用余光中先生的话说，对原作要有"窥见其妙"的功夫。

其次，译者必须具备扎实的汉语基础，特别是要在提高自己的汉语表达能力方面下功夫。一般来说，译者汉语水平的高低是决定译文质量的第二大因素。不过，翻译对汉语的要求不同于对于英语的要求，后者重在阅读，而前者重在写作表达。下面，我们举个例子来说明一下汉语表达方面的要求。

....and his manner was even dignified ， quited of roughness,though too stern for grace.

译文 1：他的举止甚是庄重，不带一点粗野，然而严峻得不文雅。

译文 2：他的举止甚是庄重，不带一点粗野，然而文雅得太严峻。

译文 3：他的举止甚是庄重，不带一点粗野，然而太严峻了（以至于）不够文雅。

这几句译语都表达了原意，但总觉得有不尽如人意之处。于是有人便认为汉语没有较好的表达方式来表达英语结构"too....for...."的意思。当然这并不是汉语表现力缺乏的问题，而是母语修养欠缺所致。因为这个英语短语的结构已经限制了人们的思维方式，所以大家会觉得汉语中没有什么对应的词语来表达相应的意思，其实应该是跳出这个词语本身的意思，把整句话意思弄明白之后，不再"直译"，而是进行"意译"或者"编译"，也就是用汉语把这句话的意思重写一遍，此时，就是考察汉语功底的时候了，那么，一个具有优秀的汉语语文水平的译者会这样译：

……他的举止甚是庄重，不带一点粗野，然而严峻有余，文雅不足。

这样的译法比较符合汉语表达习惯。在这个例子中，其他几个译文不能说有语法错误，也不能说理解错误，但是，表达得并不准确，听上去不像是地地道道的汉语表达，这再次证明对于译者汉语表达要求比较高。所以，凡是想在英译汉上有所作为的人，必须大量阅读汉语经典作品，经常练习写作，使汉语表达水平达到轻车熟路的境地。需要指出的是，翻译对译者母语表达能力的要求，并不完全等同于写作能力。比起母语创作，翻译更像是对原作的"临摹"能力，或"照葫芦画瓢"的能力，更强调"曲径通幽""殊途同归"的能力。一流的作家不一定能成为一流的翻译家，反之亦然，道理就在这里。由此可见，译者的译语水平主要体现在表达原作的特定内容和特定形式时，所需要的灵活变通的能力上，如选择恰当的汉语字眼，创造新词、吸收外来表现手法等。另外，译者还应该熟悉英汉语两种语言在语音、词汇、句法、修辞和使用习惯上的种种差异，以便能将规范通顺的英语译成规范通顺的汉语，而不要写出生硬牵强的"英式汉语"。

二、要有良好的文化素养

说到语言，我们不得不说到语言背后的文化。大家都知道，在散文、小说、商务广告等文体当中，我们经常会遇到一些"文化词语"。这里的"文化词语"就是指有一定文化背景或深刻文化意蕴的词语，包括在一定历史阶段沉淀下来的谚语、典故、特殊的人物名称等，以及现行的熟语、习语。（方梦之，2004）这样的词语，我们也可以称之是文化内涵丰富的词语，在翻译这样的词语的时候，译者虽然面对的是个别的词语，但是必须了解其背后的文化。对此，王佐良曾说译者"处理的是个别的词""面对的则是两大片文化"。所以，译者一旦对其背后的文化理解有失偏颇，译出来的文章很可能会导致"文化误导"严重的甚至造成很严重的经济后果。比如广告英语中，我们就曾遇到过一个这样的例子、有一国际知名领带"Goldlion"。据说这个领带名称最初被译为"金狮"，而在中国发展之后却是生意惨淡，后来调查发现，该领带销售的地方多是说粤语的地方，如香港、广州，而在粤语中"狮"的发音与"输"相同，从而导致大量领带积压卖不出去。后来将"金狮"改为"金利来"之后生意则红火起来，原因是译语恰好迎合了华人求吉祥求发财的心态。因此，翻译文化词语，关键是看译者是否对目的语文化有透彻的了解，是否具有敏锐的文化意识。

　　语言是文化的产物，也是文化的载体。二者是相互依存不可分割的整体。世界上没有哪一种语言能够离开特定的文化而单独存在，任何语言都充满了人类文化活动的痕迹。语言本身不仅体现了本民族的自然环境、历史渊源、风土人情、传统习惯，而且渗透着该民族的宗教信仰、文化心态思维方式、价值观念等等。语言和文化相互作用，相互影响；理解语言必须了解文化，理解文化又必须了解语言。比如"afterlife"一词就是一个有着丰富文化内涵的词。在英语词典中，该词有"来世"的意思，但是汉语中的"来世"于该词之间事实上是有着很大的差距的。根据 Collins 的解释，"afterlife"意思是"life afier death"，那么就是指的是人死后的生活（灵魂的生活）。就像是奥斯卡经典影片《人鬼情未了》（*Ghost*）中一样，男主角山姆死后，他的灵魂经常回来保护女主角莫莉，这样的就是"life after death"。但是在中文当中"来世"是一种佛教轮回的说法，就是说人死后会重新转世投胎。跟"life after death"的意思根本不一样。关于这对词语曾经有过不少的争辩，香港的一些学者曾将"afterlife"译为"后来的生命"；上海出版的《英汉大词典》将该词译为了"死后（灵魂）的生活"。我们觉得《英汉大词典》的意思更接近英文本身的意思。像翻译"aflerlife"这样的词语，我们不能或是在汉语中随便找个表面意思接近的词语就可以生搬硬套了，我们必须对双语文化有一定的了解，这样才能够比较准确再现源语的意思。

　　语言中的文化差异，不仅表现在宗教信仰上，而且渗透在文化的各个领域，包括千差万别的历史背景、传统观念、风俗习惯及迥异的语言表达方式。译者必须具有文化意识，所谓的文化意识，就是译者要认识到翻译既是跨语言，也是跨文化的信息交流，而文化的差异跟语言的差异一样，可能成为交流的障碍。缺乏文化意识的译者，可能只顾着字面上的转换，而忽视了语言背后的文化问题，一心只想到汉语中去寻找"地道"的对应词，从而导致不应有的误译。

　　在日常生活中，只要做有心人，我们就可以学到很多关于各国文化的知识。最直接的方式就是多读书，读关于传说、神话等一些经典的文化类书籍，还要多读原版的外文书，在学习知识的同时也巩固了语言学习。我们还可以通过报纸、杂志、电视、广告等多渠道了解西方国家的政治、文化、经济等方面的知识，要开阔视野，参加一些活动来增加见闻，学习知识。只有对双语文化都有很好的知识储备之后，我们才可以在翻译"文化词语""文化现象"的时候，最忠实地传达原文的意思，给出准确精彩的译文。

三、有广博的知识

首先译者应该具备广阔的知识面。翻译是传播文化知识的媒介，因而译者的知识结构应该是越广博越好。当然，样样精通肯定是做不到的，但是，要求译者至少在一两个领域当中要做到比较精通，正所谓"译一行要精一行"。译者必须掌握一定的专门知识，否则在翻译中常常会受到理解上的限制。如果连中文自己都搞不清楚是什么，译出来的英文读者更不会明白是怎么回事。所以，掌握相关领域的知识非常重要。比如翻译科技著作，就必须掌握相关的科技知识，翻译社科文章的就必须懂得相关的社科知识，翻译文学作品，就必须具备一定的文学素养……鉴于各门知识都有彼此交叉、触类旁通的特点，译者还要广泛掌握于自己的专长有密切联系的相关知识，比如翻译哲学类的需要丰富的文史知识，甚至要懂得一些自然科学；翻译医学类的至少要懂一些生物学与化学，甚至还要掌握一些心理学知识。除了专门知识外，从事英汉翻译工作的人还需要了解英美各国的历史、地理、政治、经济、外交、科学技术、风俗习惯、宗教信仰、民族心理、文化传统等方面的"百科知识"；光是了解英美各国的"百科知识"还不够，同时还要通晓本国的"百科知识"。这样一来，就能在翻译中明察秋毫，得心应手，而不会张冠李戴，闹出笑话。

当然，不管进行哪一类的翻译，对哪一相关领域的知识的学习，都是需要慢慢积累的。因此，译者也不必着急，不必每一个领域的知识都想掌握，先确定好一个自己比较擅长，比较感兴趣的领域，然后慢慢地积累相关的知识，也可以在翻译中积累知识。在翻译的过程中，遇到模棱两可的地方一定要搞清楚，不管是查资料还是请教他人，最终都要把文章的意思确切地传达出来。

四、要懂得编译

真正从事翻译活动的工作者都知道，翻译，并不只是对原文的一个字对一个字的翻译，也不是一个意群对一个意群的翻译。有的时候，我们必须根据材料的具体情况进行编译。在现代信息大爆炸的社会，编译对于翻译工作者而言变得非常重要，因为，这也是一门必须要掌握的技能。

所谓的编译，就是编辑和翻译，是夹杂着编辑的翻译活动。编译是先编后译的过程，是根据翻译对象的特殊要求对一篇或几篇原作加工整理后再进行翻译的编译活动。编译法可帮助翻译工作者及时处理大量信息，避免我们的专业人员在中外文资料的"迷魂阵"中白白浪费宝贵的时间和精力。编译是在形式上对原作进行了较大的修正乃至

"背叛"，但作为一种实用的翻译手段或翻译方法，在译界正赢得广泛的认同，越来越多的翻译工作者热衷于编译。与传统翻译相比，编译有以下两大优点：一是编译法适用于翻译各种领域、各种体裁、各种风格的原文。二是对于读者来说，编译作品往往较简洁，较有时效性和针对性。

编译在现代翻译中的应用非常广泛。外国的新闻评论（此处指的是对在传播媒体中发表的评论性文章的总称）基本上是靠编译过来的。它是新闻性期刊、广播、电视等新闻媒介的旗帜和灵魂，是新闻媒介反映和引导舆论必不可少的重要手段。然而，新闻翻译不同于文学翻译。一个重要的原因是运用于新闻作品和文学作品的语言存在相当大的差异。新闻语言以"准确"为核心，而文学语言则追求"艺术性"。在这个前提下，新闻的翻译和翻译文学作品就不能一概而论。另外，新闻要求时效性，要最快捷地传递事件主要内容，这就需要译者采用灵活变通的手段，不受原文形式的限定来改译原文。这是翻译不能做到的，必须借助于编译。这也就是为什么同一新闻在多家媒体会有不同的报道。因为编译人员会根据自己的理解、媒体的需要等对新闻进行一些处理来满足特定的读者群。

当然，除了在新闻工作中翻译往往采用编译之外，在技术翻译中，有的时候，我们也会采用编译的方法。比如对于产品手册的翻译。没有工作经历的工作者们也许会想，科技类的文章是不能编译的，其实不然。公司的产品手册大部分是研发人员自己写出来的，他们有的时候甚至对于读者的需求喜好并不是特别了解，因此，他们所写的东西有可能没有突出重点，有可能废话连篇，也有可能根本不能满足顾客的需要。那么，此时，翻译工作者在翻译的时候，必须首先进行编辑一番。说到此处，我们就不得不提一下。首先，翻译工作者必须多产品对特定领域的知识有一定的了解，要掌握好这些背景知识才可以较好地进行编辑。在掌握了一定专业知识的基础上，翻译工作者的任务首先就是把原文编辑的既适合读者的口味，又适合翻译才能行。其实，这是一项难度挺大的工作，但是只要提前准备对专业知识的学习，做到编译还是不难的。

在许多公司的产品中，我们都会对产品手册进行编译。编译用户手册的总体原则是可读性、便于操作性及实用性。在编译之前，我们要先学会分析产品英文用户手册的读者群、语言特点及译者的主体性。译者应充分理解产品，从解决问题的角度出发，使用面向任务型写作方式。为拉近与读者的距离，应使用第二人称叙述，描述操作步骤时使用祈使语气。为便于阅读理解，尽量使用最简洁、准确的文字、简短的段落和句子，多使用图表，使表达内容一目了然。这些问题都是我们在翻译产品手册时候必须意识到的最基本的要点。

有人认为用户手册是一种技术资料，按照科技英语的翻译原则来翻译即可。其实不然。科学论文及技术资料的读者群是作者的同行或了解相关领域的人，因而译者可以使用行话或术语；而用户手册的读者群多数为产品的初级用户，教育程度和对相关技术领域的了解程度参差不齐，因此在编译用户手册时，应考虑到读者的接受能力，使用日常用语而不是专业术语。

目前国内的用户手册倾向于以介绍产品性能为中心，包括产品工作原理、功能、使用方法等，多数用户拿到产品后，并不会仔细阅读说明书了解产品，直到出了故障，才会急忙去查。很多说明书在附录里有常见问题解决办法，而对于复杂的产品，简单的几个步骤并不能解决实际问题，因此常有客户抱怨说明书不实用。

那么，此时我们翻译工作者的任务是什么呢？我们要进行写作式翻译，即采用面向任务型模块化写作的方式来翻译。我们要以用户的实际操作需求为主线，安排手册的结构，省略技术原理等非必要信息。因为用户关注的是怎么用，而不是了解工作原理。通常如果用户想了解技术信息，大型厂家给每个产品都配有技术手册。因此，用户手册中，常省略非必要的概念和技术信息。写作时，以标题或小标题形式将用户想要完成的任务凸显出来，将所有相关信息尽可能集中于一页，这就要求文字描述一定要精练，使用图表，使信息一目了然。当多个模块共用某些信息时，应避免交叉参考。因为在不同页码之间跳转，不便于阅读。解决办法是重复相关信息口这种写作模式要求编译者熟悉产品，多了解客户需求，善于归纳总结，并与开发人员积极探讨如何方便用户操作。

在对原文进行编辑，确定了整个文章的框架之后，翻译工作者才可以着手进行翻译。此时，要注意选用简单容易理解的词语。一般产品手册翻译出来的难度是中等，在翻译中要避免使用专业术语，使用新术语时要给其下定义。翻译中文手册术语时，切忌按照字面意思直译。应多查找英文技术资料，找到国际通用的表达方式；否则，国外用户看不懂，这个翻译肯定就等于做了无用功。

做好编译工作并不是一件很简单的事情，通过上面对新闻的编译以及产品手册的编译概况的介绍，大家对编译也应该有了一定的了解，这项技能对于现在的翻译工作者已变得非常重要。翻译爱好者可以在学习其他技能的时候，多练习一下该项技能。

五、学会利用电子工具

现在的翻译工作，需要借助很多高科技的手段，并不是说一篇文章自己拿过来看一下，然后就一句话一句话地慢慢翻译出来，这样的翻译工作效率，很难满足现代社会的要求。在信息技术发达的今天，我们可以利用电子工具来使翻译更有效地完成。电子工具包括互联网、电子工具书、电子参考书等一切以电子形式存在的，可以借助计算机检索和阅读的文献资源。电子工具与传统的纸质工具相比，有一些明显的特点，特别便于翻译工作者使用。

电子工具最大的特点是检索方便。虽然纸质工具书、参考书也可以比较方便地检索，好的出版物也附有索引，但其检索速度远不如电子工具。对于大量的非工具性出版物来说，要想在其中检索一个词或者一句话，好比大海捞针，译者只能望洋兴叹。电子工具书打破了普通出版物工具书的界限，实现了全文检索，这样，普通的网络出版物也可以成为有用的参考资料。电子工具的其他优点还有资源及时更新、容量大等等。

电子工具有助于提高翻译的质量。翻译以理解为基础,理解以知识为基础,利用电子工具可以帮助译者尽快地掌握相关的专业术语知识,为准确地翻译打下基础。翻译任何专业的内容都需要对该专业有一定的了解,仅凭一点是远远不够的。译员会经常遇到自己不懂的知识,尤其是各个专业的术语,这种情况下,专业译员会做认真的准备,掌握相关领域的知识,找到专业的表达法,然后再进行翻译,而不是想当然地自己进行一些字面翻译口电子工具的内容无所不包,查找相关的专业内容也比较方便。所以,利用网络掌握相关的专业知识,有助于提高翻译的质量。翻译的产出是写作,译者如果在表达方面遇到问题,可以利用网络或者电子词典查找译入语的相关文本,学习表达方式和语言风格,从而提高产出的质量。此外,电子工具也有助于提高翻译的速度。如前述所说,印刷版工具书的检索比较麻烦,解决一个问题可能要查很多工具书,跑到很多地方,花几个小时甚至几天的时间,在讲求效率的今天,译员可能无法做到;如果是电子词典或者搜索引擎,输入一个关键词就可以查到多种外来资源,解决一个问题一般不会花太多时间。

互联网上与翻译有关的资源数不胜数。有的网站专门为翻译工作者交流经验、分享资源提供平台,如各种翻译论坛;有的虽然不是专门为翻译工作者设立,但却可以为翻译工作者带来极大的便利,如谷歌、维基百科等。下面,我们将介绍一下比价有用的翻译网站。

最常见的一个就是 Google。它基本上算是家喻户晓的翻译搜索工具。它之所以流行,主要是它的使用方法比较简单,搜索结果相关性比较高。用户只需要把一个或者数个关键词输入搜索框就可以找到有用的资料。Google 不仅可以用于一般信息的搜索,还可以用于协助翻译。它可以用来查询译者需要的背景知识,专业术语、人名、地名等专有名词的译法,查找国内外重要的法律文书的译文或者原文,检验词语的意思和用法等。相信不少译者已经在使用 Google 帮助翻译了,但根据笔者的观察,大多数人还没有把 Google 的作用发挥到极致。这里向读者介绍使用 Google 的一些诀窍。

我们在 Googlle 中,把中文和英文放在一起进行搜索,可以看到既有中文又有英文的文章,这样的文章往往是从外文译过来的文章,里面夹杂了一些英文单词,对于译者了解背景知识和查找关键术语的译法很有帮助。例如,翻译文献时,如果遇到一段话中有些词语用词典查不到,此时,我们就可以把该单词和文章中的关键词一起在Google 中输入,然后查询。例如,我们在翻译"社会福利"方面的文章时,突然遇到一个词语"impossibility theorem",那么,我们就可以在 Google 中这样输入"impossibility thearem 社会福利",这样我们就会查到相关的中英文夹杂的文章,就有可能找到我们想要翻译的内容。有时候通过阅读找到的相关文章("平行文本"),我们不仅可以发现和术语相关的译法,还可以发现和术语相关的整个理论,这样了解了背景知识翻译起来也就会容易很多。

其次,我们用得较多的是维基百科。该网站可以说是一个开放的百科全书,有包括中文和英文在内各种语言版本。所谓开放,就是人人都可以参与撰写、编辑词条,而任何人的修改编辑，都被置于其他人的监控之下。正是这样，维基百科的内容才不断得以丰富，词条的错误才越来越少。维基百科包括各行各业的内容，是做一些非文学翻译时查找背景资料和双语文本的得力工具。翻译时遇到任何行业的内容，都可先到这个网站熟悉一下相关的行业专业知识，并通过对照阅读中英文文章，学习专业术语。需要强调的是，通过阅读平行文本，获得的专业表达法比字典上提供的表达法更为可靠，因为字典里面没有语境，译者无法确定词的具体含义和用法。

再次，我们可以登录英文网站查询我们想要的内容，比如 http//www.answer.com 就是一个很好的网站，它是英语词典和百科全书的网站，里面包含形形色色的百科全书和专业词典。像一般网站一样，该网站也提供一站式的查询服务，即一次查询，可以先获得众多权威的来源的解释，如 Britannica Concise Encyclopedia, Columbia Encyclopedia, Food & Culture Encyclopedia, Business Encyclopedia。据该网站介绍，它的数据库共有 400 万个条目，是一个查找背景资料和专业表达方法不可多得的翻译工具。又如 http//www..wordreference.com，这个网站是一个专门的服务网站，提供了众多的双语词典，包括英语、法语、意大利语、西班牙语、德语、葡萄牙语等主要欧洲语言之间互译的词典，也包括少量英汉、英日、英韩词典。对英汉翻译有用的是其中的英英词典和英汉词典。英英词典以同义词的方式解释各个义项，同时以树形图显示该词的上义词（更抽象的词）和下义词（更具体的词）。该词典提供的同义词可以用来丰富我们的英文表达方法。

上面所学的网站也知识也只是利用电子工具的一个小小的例子，除了利用网站，我们当然也可以用许多词典，比如 Google 在线翻译、金山词霸、有道桌面翻译词典、灵格斯翻译家、柯林斯电子词典等等。我们所提供的只是冰山的一角，希望能够起到一些引导作用，在科技发达的今天，翻译的方法也能够不断与时俱进。总之，我们应该学会利用现代化手段来提高翻译的质量和效率。

第二章　英汉词汇、句子、篇章对比与翻译

第一节　英汉词汇对比与翻译

一、英汉词性对比

英汉语言有着各自不同的特点，英语属于典型的静态语言，英语中很少使用动词来表示动作含义。汉语则不同，汉语属于典型的动态语言，句子中的动作意义大多使用动词来实现。英语和汉语在静态和动态上的差异在英汉词性上尤为突出。下面就对英汉词性进行对比。

（一）名词主导与动词主导

所谓的名词主导，指的是在英语中名词的使用频率远远高于其他词。英语中的名词有很多都来源于动词，这些动词可以用于表示动作、行为、状态以及某种情感等。英语中的谓语动词有形态变化，且每个英语句子中都只含有一个谓语动词。因此，名词在英语中的使用非常广泛。而相对于英语而言，汉语中的名词的使用则没有那么多，汉语不同于英语，其属于逻辑性语言，动词不受形态的约束，因此在句子中使用动词较多，有时一个句子中会连续使用多个动词。名词主导和动词主导是英汉词汇在词性上的最大区别。例如：

Some knowledge about the structure and history of Chinese is helpful for your study of the language.

对汉字的结构、发展史有所了解有助于大家学汉语。

The cultivation of a hobby and new form of interest is therefore a policy of first importance to a public marl.

因此对一个公职人员来说，培养业余爱好和新的兴趣是头等重要的明智之举。

There is no shortcut to the mastery of English.

掌握英语无捷径。

You must be a bad learner, or else you must be going to a very bad teacher.

你一定很不善于学习，要不然就是教你的人很不会教。

教材不按时送到就会打乱我们的教学计划。

Any delay in the delivery of the textbooks will disturb our teaching plan.

随着生活水平的提高，人们都很重视健康。

With the improvement of the living standard, now people attach great importance to health.

外宾们表示希望将来能够再次访问中国。

These foreign guests expressed their hope that they would visit China again in the future.

听到丈夫获得假释的消息，她高兴得跳了起来。

She jumped up for joy at the news of her husband's parole.

（二）介词对比

由于英语中以名词为主导词类，名词的使用较多，而频繁使用名词必然会导致英语介词的广泛使用。据英国著名语言学家寇姆（Curme）统计，英语中的介词共有280个之多。英语介词分为四类：简单介词，如 in, on, by, from 等；双重介词，如 from under, from behind, along by 等；合成介词，如 without, upon, outside 等；成语介词，如 in spite of, in front of, on behalf of 等。相对于英语而言，汉语中介词的数量则很少，汉语中的很多介词都是由动词转变而来的。例如：

I know him quite well, for we are in the same office.

我非常了解他，因为我们在同一个办公室工作。

Professor Smith did not travel by air for fear of having a heart attack.

史密斯教授害怕突发心脏病，没有乘飞机去旅行。

We are in the same boat now. So we have to support and depend on the each other.

我们现在是同舟共济，所以要相互支持，相互依赖。

由于公共汽车司机罢工，我们不得不步行去上班。

With the bus drivers on strike, we'll ve to walk to our workplace.

我沿着大街走，经过许多小店铺和一个肉市，又经过了一个百货商店，终于找到了一家花店。

I went up the street, by little shops and a meat market, past a departement store, and finally found a flower shop.

（三）形容词对比

英语中的形容词可以用作定语、表语、宾语补足语以及状语等。英语中的形容词具有明显的动态特征，而汉语中形容词的作用远不及英语中的形容词那么广泛，汉语中的形容词一般用来修饰名词，做定语。例如：

The Ameican veterans are guilty of what they have done in Vietnam.

美国越战退伍军人为自己在越南所做的一切感到愧疚。

She had on a red woolen sweater，fitting her tightly at the waist.Twice he shook his head，unable to get used to having her there opposite him，nervous an expectant.The trouble was she had always seemed so aloof.

她身穿红色羊毛衫，非常合身，突出了她的腰身。他很不适应和她面对面坐着，两次摇了摇头，紧张地期待着。原因是她以前总给人一种遥不可及的感觉。

尽管我知道他的本意是好的，但他的行为还是令我很难堪。

Although I knew he was well-intentioned。his behavior was really very embarrassing.

对中日关系的未来，我持乐观的态度。

I am very optimistic about the future development of Sino-Japanese relation.

那所学校的学生合作得很好，所以我们很快就完成了问卷调查。

The students in that school were very cooperative，SO we finished the questionnaire very soorl.

（四）副词对比

英语中不仅形容词具有动态含义，很多副词也具有动态含义，汉语中的副词则一般只用于修饰形容词或动词。例如：

When mom left home，she let me promise not to let stranger in.

妈妈走时让我答应不让陌生人进来。

He was up with the sick child all night.

他陪伴着生病的孩子彻夜未眠。

尽管他已经回来一个多月了，但我还没有见到他。

Although he was been back for over a month。I haven't seen him yet

在床上躺了一周之后，他现在已经能够起来活动了。

After staying in bed for a week，he is now up and about.

他的主席任期明年期满。

His presidency is up next year.

二、英汉词形对比

词形指的是词的形态结构，关于词的形态结构，主要涉及的内容为书写形式、词素。下面就对英汉词汇的词形进行分析。

（一）书写形式对比

英语属于印欧语系，由字母组成，而汉语属于汉藏语系，其书写行为为方块字。英语和汉语的书写形式存在本质上的差别。

从音韵的角度出发，英语是"元辅音体系"，汉语则属于"调韵声体系"。英语的音节由一个一个字母组成，而音节和单词间的界限不清楚。因此，英语在书写时音节之间相互连在一起，而词与词之间则具有空格。汉语音节间比较清晰，但是其音节间的组合比较模糊，因此汉语在书写时字与字之间是没有间隙的，如 Xiaoming is learning English（小明在学英语）。

（二）词素对比

词素在英语中是 morpheme，一般译为"词素""语素"或"形位"，以下统称为"词素"。所谓词素，从字面意义上来理解就是构成词的基本要素，它是语音和语义的最小结合体。从词汇学的角度来讲，词素是最小的有意义的语言单位，不可以再分。通常英语中的单词都是由一个或者多个词素构成的。词素一般可以分为两类。一类是自由词素，另一类是粘着词素。

自由词素又被称作"自由形式"，指的是可以单独作为一个单词来使用，并且具有词汇含义的词素。一般的自由词素都是单独的一个词，也就是通常意义上所说的词根。但是也不是所有的词根都可以单独使用，如 tele- 和 communic- 就不可以单独使用，必须和其他词素一起构成新词，这样的词根称作"粘着词根"。

粘着词素又被称作"黏附形式"，粘着词素顾名思义就是必须依赖其他词素来构成词语的词素，粘着词素虽然具有一定的意义，却不可以作为单独的一个词来使用，粘着词素就是平时所说的构词词缀。

英语词素在构词时具有一定的固定性，其排列顺序不能随意改变。例如：

Aqua-, di-, fer-, herb-, hypno-, journ-, liber, memor-, phan-, reg-, soci-, ver-, -flict, -drom, -ceive, -cover, -gnos, -laps, plore, -pound, -quit, -pute, -tact

但在汉语中语素的位置较为灵活，词素位置的变化对其含义的表达影响很小。例如：

动词：

欢喜—喜欢	叫喊—喊叫	应答—答应	往来—来往
补贴—贴补	演讲—讲演	问讯—讯问	替代—代替
结交—交结	斗争—争斗	妒忌—忌妒	离别—别离

名词：

| 兄弟—弟兄 | 力气—气力 | 感情—情感 | 式样—样式 |
| 互相—相互 | 语言—言语 | 士兵—兵士 | 监牢—牢监 |

形容词：

健康—康健　　直率—率直　　感伤—伤感　　光荣—荣光

地道—道地　　整齐—齐整　　笨拙—拙笨　　洁白—白洁

这些双音节词的词素顺序变化后，意义没有变化或仅有细微的变化。汉语中成语的顺序更加灵活。例如：

苦口良药—良药苦口　　千山万水—万水千山　　泰然处之—处之泰然

胸有成竹—成竹在胸　　海角天涯—天涯海角　　单枪匹马—匹马单枪

得意扬扬—扬扬得意　　顿开茅塞—茅塞顿开　　砥柱中流—中流砥柱

在有的四字成语中，词内部每个语素都可以进行重新排列。例如：

自不量力—不自量力　　天翻地覆—翻天覆地　　国富民安—富国安民

每下愈况—每况愈下　　藏垢纳污—藏污纳垢　　夜以继日—日以继夜

但是，汉语中有的词素变化也会使词的意义和词性发生改变。例如：

心中—中心　　故事—事故　　法家—家法　　人家—家人

法国—国法　　平生—生平　　火柴—柴火　　房门—门房

基地—地基　　会议—议会　　进攻—攻进　　到达—达到

送葬—葬送　　开挖—挖开　　卖出—出卖

上例中的词素顺序变化之后，其词性也发生了变化，有的由名词变为动词，有的由动词变为了名词。

算盘—盘算　　领带—带领　　门锁—锁门

牙刷—刷牙　　喜报—报喜　　舞伴—伴舞

上例中这些词通过字的顺序变化改变了词语的含义。

提前—前提　　报警—警报　　分工—工分

法办—办法　　论理—理论　　实现—现实

上例中这些词的顺序发生变化以后，动态词变成了静态词，或者静态词变为了动态词。

英语词素与汉语语素的位置差异还体现在其位置的稳定性上，英语的大多数词素是不能添加其他成分的，而汉语中的两个词素之间可以插入其他成分。例如：

出差—出了两次差　　洗澡—洗了一次澡　　推动—推不动

惊慌—惊而不慌　　积极—积什么极　　倒霉—倒八辈子霉

发财—发不义之财　　撒谎—撒弥天大谎　　尊敬—可尊可敬

明朗—不明不朗　　脂粉—涂脂抹粉　　花朵—插花戴朵

三、英汉词义对比

英汉语言中的词汇由于受文化、思维方式等因素的影响，其意义存在较大的差别，相同的词在英汉语言中经常会有不同的联想意义。本节主要对英汉词汇词义的多少及范围进行对比。

（一）词语义项对比

英汉语言在词汇的义项上具有较大的差距，英语中的词汇的义项较多，汉语的义项较少，英语中一个词经常具有多个含义，其含义的确定要依赖于其使用的环境。例如：

husband：丈夫、老伴、相公、老公、爱人

uncle：叔叔、伯父、伯伯、舅父、姨丈、姑父

take：拿、取、采取、吃、接受

president：总统、董事长、校长、会长、社长

英语中的多义词的含义除了通过具体的语言环境确定之外，还可以根据搭配的不同来判断。

"run"一词和主语搭配时，其意思如下。

The road runs continuously.（伸展）

The play runs for a week.（演出）

The fiver runs quietly.（流）

The color runs easily.（脱落）

The vine runs quickly.（蔓延）

"run"和宾语搭配时，其意思如下。

run an engine（发动）

run drugs（偷运）

run fingers（移动）

run a race（参加）

run the water（注水）

以上是动词 run 的含义分析，从上面的例子可以看出，同一个单词在与不同的词搭配使用时，其含义也会发生相应变化。在英语中想要区分词的具体含义，必须依赖于语境和搭配。

汉语的词语也有这样的用法，汉语中词汇意义的确定也要依赖于词汇的搭配，即利用不同词汇的用法来进行词义判断。不同的词要判断词义就要看其搭配成分的不同。

汉语中动词后面一般都加宾语构成动宾结构，因此一个动词的含义与其后面所使用的宾语的含义具有重要联系。例如：

他们在打毛衣（编织）

他们在打电话（互通）

他们在打包裹（捆绑）

他们在打官司（交涉）

名词一般都需要定语来修饰，因此其词义的确定就依赖于其所使用的定语。例如：

中国的艺术（如文学、绘画、舞蹈、音乐等）

唐诗的艺术（创作表现技巧）

领导的艺术（创造性方法方式）

形容词主要用于修饰名词，因此形容词词义的确定依赖于其所修饰的名词。例如：

老朋友（时间长的）

老地方（原来的）

老兵（有经验的）

我国学者高远对英语中常用的 15 个名词、动词和形容词的义项与汉语中 15 个最常用的名词、动词和形容词进行比较后发现，英语单词的义项远远超过汉语的义项，如表 3-1 所示。

表3-1　英汉常用词义项统计

	英语	汉语
名词	man，book，water，tree，room	人、书、水、树、屋
动词	eat，sleep，speak，love，give	吃、睡、说、爱、给
形容词	good，hot，deep，think，ugly	好、热、深、厚、丑
总共15词词义	178（Collins，1979）	83（《现代汉语词典》）
平均每词词义	11.9	5.5

（资料来源：高远，2002）

从上表可以看出，在词汇的义项方面，英语要比汉语的义项多很多，英语词汇具有更大的灵活性。

（二）词语含义范围对比

英语词汇中虽然存在很多多义词，但是英语词汇的词义范围相对比较狭窄，一般对事物的描述比较具体。英语中含有大量的单义词，这些单义词在描述事物时只能表达其一方面的特点，概括性较差，因此英语中对事物的分类更加详细。

英语中有很多外来语，这些外来语也使得英语的含义趋向精确化。随着社会的发展，一些多义词逐渐解体，多义词演变为几个不同的单义词，有的词的含义随着社会的发展不断变化，最终生成新的词。例如：

urban（城市的）—urbane（有礼貌的）

travel（旅行）—travail（艰苦努力）

gentle（有礼貌的）—genteel（有教养的）—gentile（非犹太人的）

curtsey（女子的屈膝礼）—courtesy（礼貌）

汉语词汇的词义范围要比英语广泛很多，在汉语中趋向于用同一个词来表达不同的含义，其具体含义的确定依赖于词汇所使用的语境。因此，汉语词汇比英语词汇具有更高的概括性。

英语中的"空"有很多种情况：表示"里面没有实物"的 empty；表示"没有东西"的 bare；表示"目前没有被占用"的 vacant；表示"空心的，中空的"的 hollow。而对于"空"的概念，在汉语中都只用一个"空"字来表达。

汉语中"问题"一词的含义很广，既指"要求回答的问题"，也指"要处理解决的问题""会议讨论的问题",还有"突然的事故或麻烦性的问题"。而英语中对于以上这些词的意义都是分别用 question，problem，issue，trouble 等来表达。例如：

世界上一些国家发生问题，从根本上来说，都是因为经济上不去。

Basically，the root cause for social unrest in some countries lies in their failure to boost the economy.

汉语中的"问题"是指出现的麻烦或动乱，英语中则用 trouble 或 unrest 来表示。

汉语中的"经验"一词属于抽象词汇，其词义比较模糊，可以表示"由实践得来的知识、技巧、教训、经历"等，而英语中不同的表达则使用不同的词来表示。例如：

改革开放是一个新事物，没有现成的经验可以照搬。

Reform and opening are new undertakings，so we have no precedent to go by.

这是中国从几十年的建设中得出的经验。

That is the experience we have gained in the decades of economic development.

我们应当从这里得出一条经验，就是不要被假象所迷惑。

We should draw a lesson here：Don't be misled by falseppearances.

四、英汉构词对比

英汉词汇的构成具有各自的特点，同时也具有一定的相似之处。对英汉词汇构成的对比有利于在翻译时根据词汇的构成来判断词义。

（一）派生法对比

派生法指的是利用词根、词缀（前缀和后缀）来进行构词的方法。英语属于粘附性语言，词缀数量很多。英语中的词缀主要分为前缀和后缀，其中前缀在构词时主要改变词汇的含义，对其词性的影响较小，而后缀则主要改变词性，对词汇含义的影响较小。英语中的前缀可以根据其对意义的影响分为以下几类。

（1）否定前缀：a-，dis-，in-（变体 il-，ir-，im-），un-，non-。

（2）反向前缀：de-，dis-，un-。

（3）表贬义前缀：mal-，mis-，pseudo-。

（4）表程度前缀：arch-，co-，extra-，hyper-，macro-，micro-，mini-，out，over-，sub-，super-，sur-，ultra-，under-。

（5）表方向态度前缀：anti-，contra-，counter-，pro-。

（6）表方位前缀：extra-，fore-，inter-，intra-，super-，tele-，trans-。

（7）表时间前缀：ex-，fore-，post-，pre-，re-。

（8）表数前缀：bi-，di-，multi-，semi-，demi-，hemi-，tri-，uni-，mono-。

（9）其他前缀：auto-，neo-，pan-，proto-，vice-。

英语前缀主要改变词义，不改变词性，但是这也不是绝对的，并不是所有的前缀都不会改变词性，如 a-，be-，en- 在构词时就可以改变词性。

汉语在构词时也会使用派生法，因此汉语中也有词缀的概念。汉语中的前缀主要可以分为以下几种。

严格前缀：阿、老、第、初。

新兴前缀：不、单、多、泛、准、伪、无、亲、反。

结合面宽的前缀：禁、可、好、难、自。

套语前缀：家、舍、先、亡、敝、贱、拙、贵、尊、令。

汉语的前缀主要用于改变词性，与英语中的前缀有本质区别，其功能与英语中的后缀类似。汉语中前缀的含义较为虚无，有的前缀甚至没有具体含义，其作用只是为了构词，如老—老婆、老虎、老大；阿—阿公、阿妈、阿婆等。

英语中可以利用前缀 dis-，en-，de- 等将动词变为使役动词。例如：

inflame 使燃烧

interlace 使交织

enable 使能够

embarrass 使为难

在汉语中要想达到同样的效果就必须在词语前加"使／令／让……"结构来完成。

英语中的后缀主要用于改变词性，其对词的意义没有影响。因此，英语中的后缀可以根据其对词性的决定作用分为以下几类。

（1）名词后缀。这些后缀只构成名词。

加在名词后表示"人"或"物"：-eer，-er，-ess，-ette，-let，-ster。

加在动词后表示"人"或"物"：-ant，-ee，-ent，-er。

加在名词后表示"人，民族"或"语言、信仰"：-ese，-an，-ist，-ite。

加在名词后表示"性质、状态"：-age，-dom，-ery（-ry），-ful，-hood，-ing，-ism，-ship。

加在动词后表示"性质、状态"：-age，-al，-ance，-ation，-ence，-ing，-ment。

加在形容词后表示"性质、状态"：-ity， ness。

（2）形容词后缀。形容词后缀只用于构成形容词。

加 在 名 词 后：-ed，-ful，-ish，-less，-like，-ly，-Y，-al（-ial，-ieal），-es，-que，-ic，-ous（-eous，-ious，-hous）。

加在动词后：-able（-ible），-ative（-ive，-sive）。

（3）副词后缀。副词后缀只用于构成副词。

加在形容词后：-ly。

加在名词或形容词后：-ward（-wards）。

加在名词后：-wise。

（4）动词后缀。动词后缀一般加在名词和形容词后构成动词。

-ate，-en，-ify，-ize（-ise）。

汉语中也有很多后缀，汉语中后缀的作用也是主要改变词性，而与英语不同的是汉语中的后缀在构成新的词汇时，词性一般名词居多，其后缀的作用不像英语中那么广泛。汉语中的词语后缀主要有以下几种。

（1）表数量单位的后缀：亩、斤、两、口、群、匹、辆、支、项、件、张、间、座、朵、粒、本、幅、卷、册等。

（2）表示"过程、方法、学说、性质、状态、程度、信仰"等抽象概念的后缀：派、法、化、主义、学、论、性、度等。

（3）表人的后缀主要有三种

表示职业和职务：员、生、匠、工、家、师、士、夫、长等。

表示亲属关系：爷、父、子、亲、夫、人等。

表示其他的人：郎、属、鬼、棍、头、者、士、生、汉、丁、迷、徒、贩、人、子、员、犯、分子等。

（4）表示处所的后缀：站、场、处、室、厂、馆、院等。

（5）表示物品的后缀：仪、品、器、机等。

（6）构词性后缀。这些后缀没有实际意义，只用于构词。

儿：影儿、盖儿、信儿、馅儿、头儿、画儿等。

子：鼻子、孩子、鞋子、裤子、脑子等。

头：馒头、奔头、石头、骨头、盼头、苦头等。

然：猝然、断然、安然、溘然、勃然、公然等。

派生法在英语中的构词能力很强，因为英语中的词汇数量多，且一个词根可以与不同的词缀相结合构词，且多个词缀可以同时加到一个词根上，这些都给了英语很大的词汇生成能力，而汉语中词缀的数量要比英语中少很多，且汉语词缀对词的意义的影响很小，且汉语中一个词根一般只加一个词缀。

（二）复合法对比

英语中的复合法指的是将两个或两个以上的单词重新组合在一起构成新的单词的方法。复合词在写法上不尽相同，复合词通常由两个以上的单词构成，因此有的复合词为体现其结构性，词与词的中间会用连词符连接，也可以将词语直接写作一个单词。复合词的不同书写方式对其意义没有影响。英语中的复合词主要有以下几类。

（1）复合名词。例如：

名词 + 名词：greenhouse, workbook, workplace, workshop, newspaper, gatekeeper, gateman, daytime, lunchtime, lifeboat, lifetime,

northwest, railway, southeast, southwest, cupboard, keyboard, doorbell, fireplace, farmland, hometown, salesgirl 等。

形容词 + 名词：goodbye, blackboard, greenhouse 等。

动名词 + 名词：washing-room, dinning-hall 等。

动词 + 名词：chopsticks，checkout 等。

（2）复合形容词。例如：

形容词 + 名词 + （e）d：kind-hearted，glass-topped 等。

形容词 + 现在分词：good-looking，handwriting 等。

副词 + 现在分词：hard-working 等。

名词 + 现在分词：English-speaking，Chinese-speaking 等。

名词 + 过去分词：man-made，self-made 等。

副词 + 过去分词：well-known 等。

形容词 + 名词：Mideast，round-trip 等。

英语复合词中的复合形容词和复合名词占有比重较大，因此此处只对这两种词类进行介绍。

在汉语中也有很多复合词，它们按照一定的规律和结构组合在一起构成新的词组。例如：

（1）联合：联合结构的复合词中两个词素是平行关系，其结构形式比较多。

n.+n. 形式：笔墨、模范、鱼肉等。

a.+a. 形式：大小、多少、贵贱、远近、松弛、破败、危险、焦躁等。

v.+v. 形式：得失、出入、导演、哭泣、连续、依靠、赊欠等。

（2）动宾：汉语中动宾关系的复合词较多，动宾复合词中一个是动词，即动作的施动者，一个是宾语，即动作的接受者，因此其结构都为 v.+n. 的形式。例如：骂人、打球、喝茶、唱歌、吃力、贴心、抱歉、结局等。

（3）主谓：主谓关系的复合词中的两个词素，一个是主语，即动作的施动者，另一个是动词，因此主谓关系的复合词都是 n.+v. 结构。例如：

你说、月圆、狗叫、头疼、海啸、口误、事变等。

（4）偏正：偏正复合词中的一个词素去修饰另一个词素，被修饰的名词在后，前面的修饰后面的。汉语中的偏正结构的复合词最多，其结构多样且较为复杂。

v.+n. 形式：奖状、敬意等。

n.+n. 形式：汽车、油画、蜡笔、金鱼等。

a.+n. 形式：高原、高档、温泉、红娘、赤字等。

a.+v. 形式：内战、古玩、深爱、冷战、努力工作等。

v.+v. 形式：通知、顾问等。

a.+a. 形式：平方、净重、钞票等。

以上这些词都是汉语中的复合词，这些词和英语中的复合词的构成很类似。但是有一点是汉语中的复合构词法独有的，即重叠词。所谓重叠词指的是构成词汇的两个词素是相同的，主要有以下几种形式。

a.+a. 形式：明明、暗暗、寥寥、宝宝、乖乖、慌慌张张、疯疯癫癫等。

num.+num. 形式：万万、斤斤、个个、件件等。

n.+n. 形式：爷爷、奶奶、爸爸、妈妈、叔叔、伯伯等。

v.+v. 形式：偷偷、闪闪、看看、侃侃、跌跌撞撞、拉拉扯扯等。

（三）缩略法对比

英语中由缩略法构成的词为缩略词，缩略词的种类很多：一种是首字母缩略词，它是将每一个单词的首字母提取出来组合成为一个新的词，首字母缩略词多采用大写字母的形式。另一种是混合缩略词，这类词一般是将两个或两个以上的单词用某种方法组合在一起构成新词。还有一种是节略式，节略式缩略词主要是将一个词的完整拼写去掉一部分来形成其缩略形式。最后一种形式为数字式缩略词，根据词的结构或者读音上的相同点与数字结合而形成。下面对这几种缩略语进行详细分析。

（1）首字母缩略词。首字母缩略词在英语中很常见，其在各个领域的应用也很广泛。例如：

European Economic Community → EECt 欧洲经济共同体

Organization of African Unity → OAU 非洲统一组织

United Nations → UN 联合国

Organization of Petroleum Exporting Countries → OPEC 石油输出国

Television → TV 电视

Computer assisted design → CAD 计算机辅助设计

deoxyribonucleic acid → DNA 脱氧核糖核酸

Associated Press → AP 美联社

（2）混合式缩略词。混合缩略词主要有四种形成方式。

① A 头 +B 尾。例如：

automobile+sulcide → autocide 撞车自杀

binary+digit → bit 二进制数

chocolate+alcoholic → choloholic 巧克力迷

② A 头 +B 头。例如：

high+fidelity → hi-fi 高保真

situation+comedy → sitcom 情景喜剧

teleprinter+exchange → telex 电传

③ A 头 +B。例如：

medical+care → medicaret 对老人的医疗照料方案

telephone+quiz → telequiz 电话测试

automobile+camp → autocamp 汽车野营

④ A+B 尾。例如：

tour+automobile → tourmobile 游览车

news+broardcast → newscast 电视广播

（3）节略式缩略词。节略式缩略词主要有三种形式。

①去头取尾。例如：

telephone → phone 电话

earthquake → quake 地震

②去尾取头。例如：

executive → exec 执行官

memorandum → memo 备忘录

Wednesday → Weds 星期三

zoological garden → zoo 动物园

③去头尾取中间。例如：

influenza → flu 流感

prescription → scrip 处方

detective → tec 侦探

（4）数字式缩略词。数字式缩略词主要有两种形式。

①提取出词中的相关字母，并在其前面加上相应的数字构成。例如：

copper，corn，cotton → the three C's 三大物产（铜、玉米、棉花）

reading，writing，artithmetic → the three R's 三大基本功（读、写、算）

②代表性的词前面加数字。例如：

earth，wind，water，fire → four elements 四大要素（土、风、水、火）

anger，avarice，envy，gluttony，lust，pride，slot → seven deadly sins 七宗罪（怒、贪、妒、馋、欲、骄、懒）

death，trial，heaven，hell → four last things 最后四件事（死亡、审判、天国、地狱）

faith，hope，charity，justice，fortitude，prudence，temperance → the seven virtues 七大美德（信任、希望、慈善、正义、刚毅、谨慎、气度）

汉语的构词法中也有很多词是利用缩略形式形成的，汉语的缩略词与英语缩略词有类似之处，它主要可分为四类。

（1）截取式缩略词。截取名称中一个有代表性的词代替原名称。截取有两种方式。

①截取首词。例如：

同济—同济大学

复旦—复旦大学

宁夏—宁夏回族自治区

广西—广西壮族自治区

②截取尾词。例如：

收音机—半导体收音机

志愿军—中国人民志愿军

长城—万里长城

（2）选取式。选取全称中比较具有代表性的词素来构成新词。

①取每个词的首字。例如：

文教—文化教育

科研—科学研究

②取一个词的首字和另一个词的尾字来构成新词。例如：

整风—整顿作风

战犯—战争罪犯

③取每个词的首字和全称的尾字。例如：

文工团—文艺工作团

执委会—执行委员会

④取全称中具有代表性的两个字。例如：

左联—中国左翼作家联盟

政协—中国人民政治协商会议

⑤取全称中的每个词的首字。例如：

上下—上头、下头

（3）提取公因式。提取公因式指的是将全称中的相同的部分提取出来，用剩下的部分来构成新词。例如：

中小学—中学、小学

工农业—工业、农业

进出口—进口、出口

离退休人员—离休人员、退休人员

（4）数字概括式。汉语中的数字概括式与英语中的基本相同。

①将相同部分提取出来，用数字对剩下的部分进行概括。例如：

三好—学习好、工作好、身体好

四会—会听、会说、会读、会写

四化—工业现代化、农业现代化、国防现代化、科学技术现代化

②根据词的特点总结出一个可以代表这些特点的抽象概括词，然后在其后面加上数字。例如：

四季—春、夏、秋、冬

三皇—伏羲、燧人、神农

五脏—心、肝、脾、肺、肾

五谷—稻、黍、稷、麦、豆

五、词汇翻译的技巧

英汉语言中的词汇的意义很多，相同的词汇在不同的句子和语境中的意思会发生变化，因此想要很好地翻译英汉词语就必须掌握一些词汇翻译的技巧。本节就对英汉词汇翻译的技巧进行分析。

（一）找对等词

英汉词汇翻译技巧之一就是找对等词，所谓的找对等词指的是在目的语中寻找与源语意思表达相同或类似的语言。对等词的确定在一定程度上受语境的影响，因为在不同的语境中同一个词的意义会发生变化。例如：

As lucky would have it，no one was hurt in the accident.

幸运的是，在事故中没有人受伤。

As lucky would have it，we were caught in the rain.

真倒霉，我们挨雨淋了。

上例中，原句中都为"as lucky would have it"，但是其汉语翻译则相去甚远，造成这种现象的原因主要是语境的不同。第一句中的结果是乐观的，因此将其翻译为"幸运的是"比较恰当。而第二句中的结果不乐观，因此在翻译时将其翻译为"真倒霉"。又如：

Let me introduce myself.

请让我自己介绍一下。

Would you please share you experience with US.

请你介绍一下经验好吗？

上例中同样都是"介绍"一词，然而翻译成英文之后则选用了两个完全不同的动词，这也是受到了语境的影响。

（二）拆译

拆译主要针对的是翻译难度较大的词语，这些词语在句子中往往很难恰当地译出，此时就可以将这些比较难翻译的词从句子中"拆"出，使其成为主句之外的一个补充成分，或重新组合到译入语中。例如：

There was always the chance，and it is that chance which had excited and befooled the imaginations of many continental tyrants.

但可乘之机毕竟存在。而正是这个才使得欧洲大陆的不止一个野心君主跃跃欲试，对我们大生觊觎之想。

（高健译）

There is also distressing possibility that Alunni isn't quite the catch the police thought.

还存在这样一种可能性，被抓住的阿路尼不见得就是警察所预想的那个人，这种可能性是让人泄气的。

该例句中的 distressing 在翻译时进行了拆译，将其放在主句以外，对主句进行补充说明。

Every British motorist will tell you that a radar is used most unfairly by the police to catch drivers who are only accidentally going a little faster than the speed limit.

每一位驾车的英国人都知道，警察用雷达来抓那些只是偶尔稍微超速行驶的人，这种做法是很不公平的。

该例句中的 unfairly 在句子翻译时无法找到合适的译法，将其从句子中拿出来单独处理显得更为恰当。

（三）词性转换

在上面的词汇对比中已经对英汉语言中常用的词性进行了分析，由上面的对比可知，汉语中的动词使用较多，而英语中则较少使用动词，英语中多用名词，因此在汉译英时应注意将汉语中的动词转化为英语中的名词、形容词等。例如：

在吉米·卡特当选总统后不久，据说他的顾问们就建议应当降低税收，扩大政府开支。

Shortly after Jimmy Carter's election as President，his advisers were reported as recommending lower taxes and higher government spending.

你熟悉这种晶体管放大器的性能吗？

Are you familiar with the performance of this transistor amplifier?

设计时，他常参考手册，查阅一些数据。

He often referred to handbooks for some data when designing.

并不是汉语中所有的动词在翻译时都必须译为英语中的名词，汉语中有时也会使用一些名词，这些名词在翻译时译为动词比较恰当，此时也应进行适当的词性转换。例如：

他的态度极其镇静。

He behaved with great composure.

本文的目的在于讨论元件材料和元件技术的新成就。

This article aims at discussing new development in component materials and techniques.

英语中多使用名词，因此其语言中介词的使用频率也很高，而英语中的介词可以表达汉语中的动作、行为或说明某地点的状态特征，因此在英译汉时常常将介词转换为动词、名词、形容词等。例如：

According to the latest survey，43% of the students in this university are willing to take up part-time jobs during summer vacation for work experience，up 5% over last year.

最近的调查结果表明，该大学有 43% 的学生愿意在暑假从事兼职工作来增加工作经历，人数比去年增加了 5%。

Carlise Street runs westwords, across a great black bridge, down a hill and up again, by little shops and meatmarkets, past singlestoried homes, until suddenly it stops against a wide green lawn.

卡莱尔大街往西伸展，越过一座黑色大桥，爬下山岗又爬上去，经过许多小铺和肉市，又经过一些平房，然后突然朝着一片绿色草地终止了。

The number of left-handed people throughout the globe has been estimated to be over 350 million and this number is steadily on the increase.

统计数字显示，全球左撇子人数已经超过了 3.5 亿，而且人数还在稳步增长。

由上面的词性对比可知，英语中某些形容词表达的是汉语中的动词的含义，因此在英译汉时应将英语中表示动词意义的形容词转换为动词。例如：

Over a million people travel into central London every day from outside the city.They, and the people who live in London, want a public tranport system that is frequent, safe, reliable, offordable and environ mentally friendly.

每天有 100 多万人从城外涌向伦敦城中心，他们和住在伦敦城里的人一样希望伦敦的公共交通系统能够安全、可靠、环保、通车频率高、票价合理。

I'm firmly convinced that under a less compulsory educational systern, the students would be more creative and more cooperative with adults.

我坚信如果我们的教育体制更宽松些，学生会更具有创造性，更愿意与大人合作。

（四）融合

融合指的是在翻译时完全脱离了源语词义的限制，将原句中的词的意义蕴含于整个句子中，融合翻译法注重的是将句子中词汇的意义翻译出，而不苛求句子形态上的一致。例如：

It can be said for his justification that he had to give up when any advice he gave her causes nothing but back talk.

平心而论，他也只好就此罢休，因为每次他给她提意见，她就顶了回去。

By the 1960s Sweden had become a throwaway society following the American pattern of wastefulness.

到 20 世纪 60 年代，瑞典已效仿美国的模式，变成了一个大手大脚、浪费成风的城市。

（五）释义

释义指的是对原来的词语进行一种解释性的翻译，释义可以帮助译者了解源语的内涵和原作的意图。当译入语中缺少相应的词汇时，可以采用释义法进行翻译。例如：

定向招生 to stoll students who are pre-assigned specific posts or areas

下岗工人 laid-off workers

安居工程 housing project for low-income urban residents

他们便接着说道，"你怎的连半个秀才也捞不到呢？"

（鲁迅《孔乙己》）

They would continue，"How is it you never passed even the lowest official examination."

（杨宪益、戴乃迭译）

第二节　英汉句子结构对比与翻译

句子是由词和词组构成，可以表达完整含义的语言单位，也是语言运用的基本单位。无论是英语句子还是汉语句子，其结构都非常复杂，而且有着各自的特点。因此，研究英汉语言必然要研究英汉句子，而研究句子自然要研究句子结构。这里就对英汉句子结构的差异以及翻译进行具体分析。

一、英语的形合法与汉语的意合法

英汉语言在句子结构方面最基本、最主要的差异集中表现在形合（hypotaxis）与意合（parataxis）的差异上。奈达（Nida，1982）也曾表示，就语言学角度而言，英汉两种语言间最突出、最重要的区别莫过于意合与形合的差别。刘宓庆（1992）也指出，意合与形合是汉英语段间的"异质特征"。

形合与意合是语言组织法，是语言连词成句的内在依据。其概念有广义与狭义之分。广义上的形合包括显性的语法形态标志和词汇两种形式手段，指一切依借语言形式和形态手段完成句法组合的方式，包括语汇词类标记、词组标记、语法范畴标记、句法项标记、分句与分句之间的句法层级标记、句型标记、句式标记等。狭义上的形合仅指词汇手段，即语言中词与词、句与句的结合主要凭借关系词和连接词等显性手段（宋志平，2008）。

广义上的意合指不借助形式手段来体现词语之间或句子之间的意义或逻辑关系，而狭义上的意合只指句子层次上的语义或逻辑关系（宋志平，2008）。

然而，就自然语言而言，并不具有完全的形合语言和意合语言，只是一种语言更侧重于某一方而已。诸多中外学者经研究指出，英语是形合特征明显的语言，汉语是意合特征明显的语言。

（一）英语的形合法

英语属于注重形合的语言，"造句注重形式接应，要求结构完整，句子以形寓意，以法摄神，因而严密规范，采用的是焦点句法"。也正是由于英语的这一形合特征，因此其连接手段和形式非常丰富，具体包括介词、连词、关系代词、关系副词、连接代词、连接副词等。但这些连接词在相应的汉语句子中则很少出现。此外，英语的形合特点也使其句子结构犹如大树一般，主干分明、枝繁叶茂，句子也呈现出以形驭意、以形统神的特点。

例如：

His children were as ragged and wild as if they belonged to nobody.

他的几个孩子都穿得破破烂烂，粗野不堪，没爹没娘似的。

Peggotty's answer soon arrived，and was，as usual，full of affectionate devotions.

培果提很快就回了信。信里和往常一样，尽是疼我爱我，一心为我着想的话。

The rooms where in dozens of infants had wailed at their nursing：now resounded with the tapping of nascent chicks.

这些屋子里，从前有许多吃奶的孩子哇哇哭叫，如今却回响着小鸡啄食的声音。

And I take heart from the fact that the enemy。which boasts that it can occupy the strategic point in a couple of hours，has not yet been able to take even the outlying regions，because of the stiff resistance that gets in the way.

由于在前进的道路上受到顽强抵抗，吹嘘能在几个小时内就占领战略要地的敌人甚至还没有能攻占外围地带，这一事实使我增强了信心。

Some fishing boats were becalmed just in front of US.Their shadows slept，or almost slept，upon that water，a gentle quivering alone showing that it was not complete sleep，or if sleep，that it was sleep with dreams.

渔舟三五，横泊眼前，樯影倒映水面，仿佛睡去，偶尔微颤，似又未尝深眠，恍若惊梦。

And he knew how ashamed he would have been if she had known his mother and the kind of place in which he was born，and the kind of people among whom he was born.

他知道他该有多尴尬如果她认识他母亲，认识他出生的这样的地方，认识他出生时周围的那些人的话。他有这样的母亲，出生在这样的地方，出生在这样的人中间，要是这些都让她知道的话，他知道该有多丢人。

（二）汉语的意合法

同英语相比，汉语的意合特征更加明显，"造句注重意念连贯，不求结构齐整、句子以意役形，以神统法、因而流泻铺排，采用的是散点句法"。汉语中，隐形的语法比重较大，也很少使用显性的连接手段和连接词，句子各成分之间的逻辑关系主要依靠上下文和事理顺序来间接显示。所以，汉语的句子结构就犹如竹子一般，地上根根分离，地下盘根错节，呈现出形散而神聚的特点。例如：

上梁不正下梁歪。

If the upper beam is not straight，the lower ones will go aslant.

跑得了和尚，跑不了庙。

The monk may run away，but never his temple.

到南京时，有朋友约去游逛，勾留了一日；第二日上午便需渡江到浦口，下午上车北去。

（朱自清《背影》）

A friend kept me in Nanjing for a day to see sights，and the next morning I was to cross the Yangtze to Pukou to take the afternoon train to the north.

我从此便整天地站在柜台里，专管我的职务。虽然没有什么失职，但总觉得有些单调，有些无聊。掌柜是一副凶脸孔，主顾也没有好声气，教人活泼不得；只有孔乙己到店，才可以笑几声，所以至今还记得。

（鲁迅《孔乙己》）

Thenceforward I stood all day behind the counter，fully engaged with my duties. Although I gave satisfaction at this work，I found it monotonOUS and futile.Our employer was a fierce-looking individual，and the customers were fl morose lot，SO that it was impossible to be gay.Only whenKung I-chi came to the tavern could I laugh fl little.That is why I still remember him.

（杨宪益、戴乃迭译）

二、英汉语序对比

语言是文化的载体，是思维的外壳，所以一个民族的文化习惯和思维模式常通过语言反映出来。英语民族强调"人物分立"，注重形式论证与逻辑分析，提倡个人思维，思维体现出"主语—行为—行为客体—行为标志"的模式，因此其语言表达的基本顺序为：主语＋谓语＋宾语＋状语。英语为综合性语言，其句子语序相对固定，但也呈现出一定的变化。汉语民族主张"物我交融""天人合一"，注重个人的感受，崇尚主体思维，思维体现出"主体—行为标志—行为—行为客体"的模式，因此其语言表达的基本顺序为：主语＋状语＋谓语＋宾语。汉语属于分析性语言，句子语序基本固定不变。从语言的表达顺序上就可以看出，定语和状语位置的不同是英汉语言在语系上的主要差异。以下就对此进行具体介绍。

（一）定语位置对比

定语在英语中的位置较为灵活，通常有两种情况：以单词做定语时，通常放在名词之前；以短语和从句做定语时要放在名词之后。而定语在汉语中的位置则较为固定，一般位于所修辞词的前面，后置的情况则十分少见。例如：

The doctors have tried every way possible.（后置）

医生们已经试过各种可能的办法了。（前置）

He told me something important.（后置）

他告诉了我一件重要的事情。（前置）

It was a conference fruitful of results.（后置）

那是一个硕果累累的会议。（前置）

English is a language easy to learn but difficult to master.（后置）

英语是一门容易学但很难精通的语言。（前置）

We have helped Russia privatize its economy and build a civil society

marked by free elections and an active press.（后置）

我们帮助俄罗斯使其经济私有化，并建设一个以自由选举和积极的新闻媒体为标志的公民社会。（前置）

This time he changed his mind.He did not encourage him to become a hero，because he could no longer stand the poignancy of losi ng his last child.（后置）

老人改变了主意，决心不让小儿子成为一个出众的英雄好汉的人物，因为他实在是不能再忍受那种折损儿子的痛苦。（前置）

Cupid had two kinds of arrows：the gold tripped arrows used to quicken the pulse of love and the lead tripped ones to palsy it.Besides，he had a torch to light heart with.（后置）

丘比特有两种神箭：加快爱情产生的金头神箭和终止爱情的铅头神箭。另外，他还有艺术照亮心灵的火炬。（前置）

（二）状语位置对比

英语中状语的位置灵活且复杂。由单个单词构成的状语一般位于句首、谓语之前、助动词和谓语动词之间，或者句末。如果状语较长，那么其一般放在句首或句尾，不放在句中。而汉语中状语的位置则较为简单，一般位于主语之后谓语之前，有时为了起强调作用，也位于主语之前或句末。例如：

The flight was canceled due to the heavy fog.

班机因大雾停航。

Given bad weather，I will stay at home.

假使天气不好，我就待在家里。

I will never agree to their demand.

我绝不同意他们的要求。

He can never speak English without making serious mistakes.

说英语他总是出大错。

The news briefing was held in Room 201 at about eight o'clock yesterday morning.

新闻发布会是昨天上午大约八点在 201 会议室召开的。

有时，一个句子中不只含有一个状语，有时多个状语（如时间状语、地点状语、方式状语、让步状语等）会同时出现。针对多个状语同时出现的情况，英语的表达顺序是：方式、地点、时间；而汉语的表达顺序则恰恰相反：时间、地点、方式。例如：

The bank will not change the cheek unless you can identify yourself.

只有你能证明你的身份，银行才会为你兑换支票。

Many elderly men like to fish or play Chinese chess in the fresh morning air in Beihai Park every day.

很多老人都喜欢每天上午在北海公园清新的空气中钓鱼、下棋。

The deadliest earthquake in China this year hit an area near Kashgar in northwestern Xinjiang Uglur Autonomous Region on February 24, killing 24 and injuring 268.

中国今年造成伤亡最严重的地震于 2 月 24 日发生在新疆喀什附近，那次地震造成 24 人死亡，268 人受伤。

我出生于阿帕拉契山脉煤矿区中心的肯塔基州柏定市。

I was born in Burdine, Kentucky, in the heart of the Appalachian coal-mining country.

"神舟三号"飞船今晚 10 点 15 分，在我国甘肃酒泉卫星发射中心成功升入太空。

The spacecraft "Shenzhou Ⅲ" was successfully launched at 22：15 pm today in the Jiuquan Satellite Launch Center in Northwest China's Gansu province.

此外，如果句中含有两个较长的状语，英语习惯将其放于句中，而汉语则习惯将其置于句首和句尾。例如：

Suddenly the President, looking out over the vast landscape, said, with an underlying excitement in his voice, the words I gave earlier…

总统眺望着辽阔的景色，突然用很兴奋的语调说了我在前文已经提到过的话……

中国远洋运输公司成立于 1961 年 4 月，至今已有 28 年的历史。28 年来，在国家的大力支持下，经过不懈的努力，公司业务和船舶数量迅速发展和增长。

Established in April 1961, the China Ocean Shipping Corporation has, in the past 28 years through arduous efforts, with the support from the state, expanded its shipping business and increased its number of ships.

三、英汉语态对比

语态上的差异也是英汉语言差异的重要表现方面。针对语态来讲，英语中多使用被动语态。英语句子中，动词的使用频率很高，而且大多数及物动词或类似于及物动词的词组都具有被动语态，当句子的主语没有必要涉及，或句子的中心话题是动作的对象，或动作的实行者不明确时，都会用到被动语态。例如：

This rubbish is being disposed of.

正在处理这些垃圾。

The audiences are requested to keep silent.

请听众保持肃静。

Clinton is expected to give his testimony by videotape.

克林顿将会以录像带的形式提供证词。

He appeared on the stage and was warmly applauded by the audience.

他出现在台上，观众热烈鼓掌欢迎。

In the course of my travels in American I have been impressed by a kind of fundamental malaise which seems to me extremely common and which poses difficult problems for the social reformer.

我在美国旅行期间，注意到了一种根深蒂固的忧郁症。我觉得这种忧郁症似乎极其普遍，这就给社会改革家出了难题。

在语态上，汉语则较少使用被动语态。不仅仅在数量上英汉被动语态有着显著的差异，在表达上也有着明显的不同。汉语被动语态一般有相应的表示被动语态的词汇来提示，最常见的被动语态提示词有"被""受""让""遭""给""叫""由""加以""予以""为……所"等。例如：

他的建议被否决了。

His suggestion is rejected.

中国代表团到处都受到热烈欢迎。

The Chinese delegates were warmly we.

他买到了想买的地毯，但是让人骗了。

He did get the carpet he wanted，but he was deceived.

我们挨了半天挤，什么热闹也没看到。

We were pushed and elbowed in the cI glimpse of the fun.

四、英汉句子重心对比

在句子的重心问题上，英语习惯将主要的信息放在句子开头。具体来讲，英语习惯先对事情做出评价或先表达发话人的感受、态度，然后再详细叙述事情的来龙去脉。

例如：

Stealing happens only in communities where some have got more than they need while other have not enough.

在一个社会内，只有当一些人绰绰有余，而另外一些人物质匮乏时，偷盗才可能发生。

Good reception requires a series of relay towers spaced every 30 miles since the curvature of the earth limits a microwave's line-of-sight path to about 30 miles.

地球曲率的限度使微波发射的视线路径为 30 英里；为了接收良好，需建立间隔为 30 英里左右的系列转播塔。

We believe that it is right and necessary that people with different political and social systems should live side by side，not just in a passive way but as active friends.

我们认为生活在不同政治和社会制度下的各国人民应该共处，不仅仅是消极共处，而且要积极地友好相处，这是正确而且必要的。

在句子重心上，汉语则表现出与英语相反的倾向：习惯将主要信息放在句子末尾。具体来讲，汉语习惯先按照先后、因果等顺序做一番长篇叙事，然后再简短地表达发话人的观点、立场。例如：

有朋自远方来，不亦乐乎。

要是你有急事要办，不要去找那种显然没有多少事可做的人。

我认为如果老年人对个人以外的事情怀有强烈的兴趣，并且适当地参加一些活动，他们的晚年就会过得很充实、快乐。

五、句子翻译的技巧

（一）被动句的翻译技巧

1. 译为汉语被动句

通常，一些形式较为简单且汉语中有与之相对应的被动表达的被动句可以译成汉语被动句。例如：

In ancient China，women were looked down upon.

在中国古代，妇女受到歧视。

He was attacked by a lot of bees.

他遭到了大批蜜蜂的攻击。

He had been fired for refusing to obey orders from the head office。

他因拒绝接受总公司的命令而被解雇了。

2. 译为汉语主动句

英语被动句可以译为汉语主动句。这种方法保持英语原文的主语，只是不译出"被"字，以准确传达原文意思，避免不必要的误解。例如：

The whole country was armed in a few days.

几天之内全国就武装起来了。

Every moment of every day，energy is being transformed from one form into another.

每时每刻，能量都在从一种形式变为另一种形式。

My first twenty years were spent in a poverty-stricken mountain area.

我的前 20 年是在一个贫困山区度过的。

3. 译为汉语无主句

英语属于形合语言，表达多受主、谓、宾结构的限制；而汉语属于意合语言，表达形式较为灵活，也没有那么多限制，句子甚至可以不要主语。因此，在很多情况下，英语被动句可以译成汉语主动句。例如：

The unpleasant noise must be immediately put to an end.

必须立刻终止这种讨厌的噪声。

Attention has been paid to the new measures to prevent corrosion.

已经注意到这种防腐的新措施。

4. 译为汉语的"把""使""由"字句

有时英语中的某些被动句还可以译成汉语的"使"字句、"把"字句和"由"字句。例如：

Your promotion will be decided by Mr.Caro.

你的升迁将由卡罗先生决定。

This letter was written by the president himself.

这封信是由总统本人写的。

Traffic in that city was completely paralyzed by the flood.

洪水使那座城市的交通彻底瘫痪。

I'm homeless now，because my house was totally destroyed by a big fire.

我现在无家可归了，因为一场大火把我的房子完全烧毁了。

5. 增加主语

英语中有些被动句会省略表示主体的词或词组，在翻译这类被动句时，为了使译文符合汉语的表达习惯，就要增加一些不确定的主语，如"有人""人们""我们"等。例如：

The issue has not yet been thoroughly explored.

人们对这一问题迄今尚未进行过彻底的探索。

She was seen to enter the building about the time the crime was cornmitted.

有人看见她大致在案发时进入了那座建筑物。

（二）从句的翻译技巧

1. 名词性从句的翻译技巧

（1）主语从句

①当主语从句是以 what，whatever，whoever 等代词引导的，在翻译的时候就可以采用顺译法，即按照原文顺序进行翻译。例如：

What he told me was half-true.

他告诉我的是半真半假的东西而已。

Whoever did this job must be rewarded.

无论谁干了这件工作，一定要得到酬谢。

Whatever he saw and heard on his trip gave him a very deep impression.

他此行的所见所闻给他留下了深刻的印象。

②当主语从句是以 it 做形式主语的，在翻译时就要根据具体情况来选择合适的方法，可以将主语从句提前，也可以不提前。例如：

It seemed inconceivable that the pilot could have survived the crash.

驾驶员在飞机坠毁之后，竟然还活着，这似乎是不可想象的。

It was obvious that I had become the pawn in some sort of to plevel

power play.

很清楚，某些高级官员在玩弄权术，而我却成了他们的工具。

（2）宾语从句

①当宾语从句是 what，that，how 等所引导的，在翻译时就可采用顺序法。例如：

Can you hear what I say?

你能听到我所讲的话吗？

Mr.Smith replied that he was sorry.

史密斯先生回答说，他感到遗憾。

He would remind people again that it was decided not only by himself but by lots of others.

他再次提醒大家说，决定这件事的不只是他一个人，还有其他许多人。

②当宾语从句是以 it 做形式宾语并由 that 引导时，在翻译时就可以按原顺序进行翻译，并且 it 不译。例如：

I regard it as an honor that I am chosen to attend the meeting.

被选参加会议，我感到光荣。

I take it for granted that you will come and talk the matter over with him.

我想你会来跟他谈这件事情的。

（3）表语从句。在翻译表语从句时可采用顺序法，按照原文顺序进行翻译。例如：

This is what he is eager to do.

这就是他所渴望做的事情。

That was how a small nation won the victory over a big power.

就这样，小国战胜了大国。

2. 定语从句的翻译技巧

以上提到，英语和汉语中定语的位置是不同的，而且发展方向也有着不同的趋势：英语发展方向为向右，汉语发展方向为向左。鉴于这种差异，在翻译时可采用以下翻译技巧。

（1）译为汉语中的"的"字结构。例如：

He was an old man who hunted wild animals all his life in the mountalns.

他是个一辈子在山里猎杀野兽的老人。

The early lessons I learned about overcoming obstacles also gave me the confidence to chart my own course.

我早年学到的克服重重障碍的经验教训也给了我规划自己人生旅程的信心。

（2）译为状语从句。例如：

She also said 1 was fun.bright and could do anything I put my mind to.

她说我很风趣，很聪明，只要用心什么事情都能做成。

There was something original, independent, and practical about the plan that pleased all of them.

这个方案富于创造性，独出心裁，实践性强，所以他们都很满意。

（3）译为并列分句。例如：

He was a unique manager because he had several waiters who had followed him around from restaurant to restaurant.

他是个与众不同的经理，有几个服务员一直跟着他从一家餐馆跳槽到另一家餐馆。

3. 状语从句的翻译技巧

（1）时间状语从句

①译为表时间的状语从句。例如：

When she spoke, the tears were running down.

她说话时，泪流满面。

Why do you want a new job when you've got such a good one already?

你已经得到了一份这么好的工作，为什么还要新工作呢？

②译为并列句。例如：

He shouted when he ran.

他一边跑，一边喊。

They set him free when his ransom had not been paid.

他还没有交赎金，他们就把他释放了。

③译为"每当……""每逢……"结构。例如：

When you look at the moon，you may have many questions to ask.

每当你望着月球时，就会有许多问题要问。

When you meet a word you don't know，consult the dictionary.

每逢遇到不认识的词，你就查词典。

④译为"刚……就……""一……就……"结构。例如：

I went to see him immediately I heard from him.

我一收到他的信就去看他了。

Hardly had we arrived when it began to rain.

我们一到就下雨了。

⑤译为"在……之前""在……之后"结构。例如：

When the firemen got there，the fire in their factory had already been poured out.

在消防队员赶到之前，他们厂里的火已被扑灭了。

When the plants died and decayed。they formed organic materials.

在植物死亡并腐烂后，便形成有机物。

（2）条件状语从句

①译为表"条件"的状语分句。例如：

If you tell me about it，then I shall be able to decide.

如果你告诉我实情，那么我就能做出决定。

Given notes in detml to the texts。the readers can study by themselves.

要是备有详细的课文注释，读者便可以自学了。

②译为表示"假设"的状语分句。例如：

If the government survives the confident vote，its next crucial test will come in a direct vote on the treaties May 4.

假使政府经过信任投票而保全下来的话，它的下一个决定性的考验将是 5 月 4 日就条约举行的直接投票。

If the negotiation between the rich northerly nations and the poorsoutherly nations make headway，it is intended that a ministerial session in December should be arranged.

要是北方富国和南方穷国之间的谈判获得进展的话，就打算在 12 月份安排召开部长级会议。

（3）目的状语从句

①译为表"目的"的前置状语分句。例如：

We should start early SO that we might get there before noon.

为了在正午以前赶到那里，我们应该尽早动身。

The leader stepped into the helicopter and flew high in the sky in order that he might have a bird's—eye view of the city.

为了对这个城市做一鸟瞰，那位领导跨进直升机，凌空飞翔。

②译为表"目的"的后置状语分句。例如：

Man does not live that he may eat，but eats that he may live.

人生存不是为了吃饭，吃饭是为了生存。

He told US to keep quiet so that we might not disturb others.

他叫我们保持安静，以免打扰别人。

（4）原因状语从句

①译为表原因的分句。例如：

The book is unsatisfactory in that it lacks a good index.

这本书不能令人满意之处就在于缺少一个完善的索引。

The crops failed because the season was dry.

因为气候干旱，农作物歉收。

②译为因果偏正句的主句。例如：

Because he was convinced of the accuracy of this fact，he stuck to his opinion.

他深信这件事的正确可靠，因此坚持己见。

The perspiration embarrasses him slightly because the dampness on his brow and chin makes him look more tense than he really is.

额头和下巴上出的汗，使他看起来比实际上更加紧张些，因为出汗常使他感到有点困窘。

（5）让步状语从句

①译为表"让步"的分句。例如：

Clever as he is，he doesn't study well.

尽管他聪明，但他学习不太好。

Although he seems hearty and outgoing in public，Mr.Smith is a withdraw and introverted man.

虽然史密斯先生在公共场合是热情和开朗的，但是他却是一个性格孤僻、内向的人。

②译为表"无条件"的分句。例如：

However late it is，mother will wait for him to have dinner together

无论时间多晚，母亲总是等他回来一起吃晚饭。

Whatever combination of military and diplomatic action is taken，it is evident that he is having to tread an extremely delicate tight-rope.

不管他怎样同时采取军事和外交行动，他显然不得不走一条极其危险的路。

（三）否定句的翻译技巧

英语中否定句的结构十分复杂，有些句子形式上是否定句，但在内容上却是肯定的；而有些句子在形式上是肯定句，但在内容上是否定的。所以，在对其进行翻译时，要揣摩其深刻含义，采用灵活的翻译方法进行翻译，并使译文符合汉语的行文习惯。

1. 全部否定句的翻译技巧

全部否定句指的是对句子否定对象加以全盘否定。全部否定句常含有以下否定词：no，none，never，nobody，nothing，nowhere，neither…nor，not at all 等。针对这类否定句，可采用直译法进行翻译。例如：

He is no writer.

他根本不是作家。

None of the answers are right.

这些答案都不对。

Never have we been daunted by difficulties.

我们任何时候都没有被困难吓倒过。

H e has nothing to do with this case.

他和这个案子一点关系都没有。

We looked for her everywhere，but she was nowhere to be found.

我们到处找她，可哪儿也找不到。

2. 部分否定句的翻译技巧

部分否定句指的是整个句子含义既包含部分否定的意思，也包含部分肯定的意思。部分否定句一般由代词或者副词（all，both，always，every，everybody，everyday，everyone，everything，entirely，altogether，absolutely，wholly，completely，everywhere，often 等）与否定词 not 搭配构成，通常译为"不全是""并非都"。例如：

Both the doors are not open.

两扇门并不都是开着的。

All that glitters is not gold.

闪光的不全是金子。

I do not want everything.

我并不是什么都想要。

The situation is not necessarily so.

情况未必如此。

The manager is not always in the office.

经理不一定每天都在办公室。

Not everybody was invited.

并不是每个人都受到了邀请。

3. 双重否定句的翻译技巧

双重否定句是指一个句子中含有两个否定词，但句子却表达肯定含义，且比一般的肯定句语气更加强烈。在翻译这类否定句时可采用两种方法，一种是译成汉语肯定句，另一种是译成汉语双重否定句。例如：

There is nothing unusual there.

那里的一切都很正常。

No task is so difficult but we can accomplish it.

再困难的任务，我们也能完成。

There is no smoke without fire.

无风不起浪。

She did not work any the less for her illness.

她没有因为生病而少做一些工作。

You will never succeed unless you work hard.

如果你不努力，就绝不能成功。

4. 含蓄否定句的翻译技巧

含蓄否定句并没有全部否定句和部分否定句中的都否定或否定词缀，但表达的含义却是否定的。在翻译这类否定句时，首先要将其否定含义明确表达出来。含蓄否定句具体包含以下几种情况：

（1）英语中的有些名词如neglect, Greek to, absence, failure, refusal, shortage, reluctance, negation, ignorance, exclusion等具有明显的否定含义，在翻译由这类词构成的含蓄否定时，可将其译成汉语否定句。例如：

English literature is Greek to her.

她对英语文学一无所知。

The exclusion of Tom from the committee makes him angry.

汤姆因被逐出委员会而很生气。

We cannot finish the work in the absence of these conditions.

在不具备这些条件的情况下，我们不能完成这项工作。

（2）英语中的某些动词如miss, fail, doubt, lack, reject, escape, protect from, keep off, fall short of, keep…dark等也含有否定意义，在翻译由这类词构成的含蓄否定句时，也可以译成汉语否定句。例如：

Please keep the news dark.

请不要把这个消息说出去。

They failed to arrive the meeting on time.

他们没能按时赶到会场。

All the people here doubt or reject the story.

这儿所有的人们都不相信你这番话。

We missed the last bus, SO we had to go back home on foot.

我没赶上末班公共汽车，所以只好步行回家。

The error in calculation escaped the accountant.

会计没有注意到这个计算上的错误。

It is necessary to project trees from the frost.

必须保护树木免受霜冻。

（3）英语中的很多形容词或短语，如 deficient, the last, far from, free from, short of, few and far between, different from, devoid of 等也具有鲜明的否定含义，在翻译由这类词构成的含蓄否定句时，亦可以译成汉语否定句。例如：

He is the last man she wants to meet.

她最不想见到的人就是他。

Holidays are few and far between.

放假的时候并不多。

The newspaper accounts are far from being true.

报纸的报道远非事实。

Present supplies of food are short of requirements.

目前食品供不应求。

（4）英语中的一些介词，如 but, above, beside, beyond, past, without, instead of, in vain 等也含有明显的否定意义，在翻译由这类词构成的否定句时，亦可以直接译成汉语否定句。例如：

Her beauty is beyond comparison.

她的美丽是无与伦比的。

Your speech was a bit above my head.

您的演讲比较深奥，我不大理解。

What you said yesterday is beside the point.

你昨天说的离题太远了。

The public people's behavior should be above reproach.

公众人物的行为应该是无可指责的。

（四）长句的翻译技巧

英语讲究句子表达的准确性和严谨性，常借助衔接手段将句子中的各个成分连接起来，使各个成分环环相扣，因此英语中长而复杂的句子十分常见。但英语长句也成了翻译的难点，在翻译英语长句时首先要了解原文的句法结构，明白句子的中心所在及各个层次的含义，然后分析几层意思之间的相互逻辑关系（因果、时间顺序等），再按照译文特点和表达方式，正确地译出原文的意思。具体而言，英语长句的翻译常采用以下几种翻译技巧：

1. 顺序法

如果英语长句的内容是按照时间先后顺序或逻辑关系安排的，所叙述的层次又与汉语的表达方式一致，此时就可以采用顺序法进行翻译，也就按照原文顺序译成汉语。

但是，采用顺序法进行翻译，并不等于将每个词都按照原句的顺序死译，也需要进行灵活的变通。例如：

Londoners' sense of superiority causes enormous resentment in the regions，yet it l S undeniable that the capital has a unique aura of excitement and success--in most walks of British life，if you want to get on，you'vegot to do SO in London.

伦敦人的优越感让这些地区的人们产生极大的怨恨情绪，然而有一点是不可否认的，首都有一种独特的激动人心和成功事业的氛围——在英国生活的大多数领域里，假如你想有所作为，你必须到伦敦去一显身手。

As soon as I got to the trees I stopped and dismounted to enjoy the delightful sensation the shade produced：there out of its power I could best appreciate the sunshining in spelendor on the wide green hilly earth and int he green translucent{oliage above my head.

我一走进树丛，便跳下车来，享受着这片浓荫产生的喜人的感觉：通过它的力量，我能够尽情赏玩光芒万丈的骄阳，它照耀着开阔葱茏、此起彼伏的山地，还有我头顶上晶莹发亮的绿叶。

If she had long lost the blue-eyed，flower-like charm，the cool slim purity of face and form，the apple-blossom coloring which had so swiftlv and oddly affected Ashurst twenty-six years ago，she was still at fortvthree，a comely and faithful companion，whose cheeks were farailv mottied，and whose grey-blue eyes had acquired a certain fullness.

如果说她早已失掉了她脸上和身段那种玉洁冰清、苗条多姿的气质和那苹果花似的颜色——26 年前这种花容月貌曾那样迅速而奇妙地影响过艾舍斯特——那么在 43 岁的今天，她依旧是个好看而忠实的伴侣，不过两颊淡淡地有点儿斑驳且而灰蓝的眼睛也已经有点儿饱满了。

It begins as a childlike interest in the grand spectacle and exciting event；it grows as a mature interest in the variety and complexity of the drama，the splendid achievements and terrible failures；it ends as deed sense of the mystery of man's life of all the dead，great and obscure，who once walked the earth，and of wonderful and awful possibilities of being a human being.

我们对历史的爱好起源于我们最初仅对一些历史上的宏伟场面和激动人心的事件感到孩童般的兴趣；其后，这种爱好变得成熟起来，我们开始对历史这出"戏剧"的多样性和复杂性，对历史上的辉煌成就和悲壮失败也感兴趣；对历史的爱好，最终以我们对人类生命的一种深沉的神秘感而告结束。对死去的，无论是伟大与平凡，所有在这个地球上走过而已逝的人，都有能取得伟大奇迹或制造可怕事件的潜力。

2. 逆序法

多数情况下，在表达相同的含义时，英语句子与汉语句子在表达顺序上是存在很大差异的，有时甚至完全相反，此时就不能采用顺序法，而要采用逆序法进行翻译，也就是逆着原文顺序从后向前译。例如：

There is no agreement whether methodology refers to the concepts peculiar to historical work in general or to the research techniques appropriate to the various branches of historical inquiry.

所谓方法论是指一般的历史研究中的特有概念，还是指历史研究中各个具体领域适用的研究手段，人们对此意见不一。

Such is a human nature in the west that a great many people are often willing to sacrifice higher pay for the privilege of becoming white collar workers.

许多人宁愿牺牲比较高的工资以换取成为白领的社会地位，这在西方倒是人之常情。

A great number of graduate students were driven into the intellectual slum when in the United States the intellectual poor became the classic poor, the poor under the rather romantic guise of the beat generation.a real phenomenon in the late fifties.

50年代后期的美国出现了一个任何人都不可能视而不见的现象：穷知识分子以"垮掉的一代"这种颇为浪漫的姿态出现而成为美国典型的穷人，正是这个时候大批大学生被赶进了知识分子的贫民窟。

Safety concerns over mobile phones have grown as more people rely on them or everyday communication, although the evidence to date has givan the technology a clean bill of health when it comes to serious conditions like brain cancer.

虽然迄今为止的证据都证明手机不会导致脑癌等重大疾病，但是由于越来越多的人依靠手机进行日常通讯，因而手机安全问题也日益受到关注。

3. 分译法

分译法又称"拆译法"，是指在翻译过程中将句子中的某些成分（如词、词组或从句）单独拆分出来另行翻译，这样不仅有利于突出重点，还便于译文句子的总体安排。例如：

Vice-President George Bush is looking to President Ronald Reagan, a star attraction at today's opening of Republican national convention, to give some sparkle to his presidential campaign.

布什副总统盼望里根总统为其总统竞选活动注入一些活力。里根是今天开幕的共和党全国代表大会最引人注目的人物。

The credit crunch has also come at a bad time for a group of new newspaper owners, who used loans that were readily available until last summer to buy their way into the business, but must now be having seeond thoughts.

对于一群新的报纸所有人来说，信贷危机也来得不是时候，他们是利用在去年夏天之前可以轻易获得的贷款进入这一行业的，但是现在他们肯定要重新考虑了。

Television, it is often said, keeps one informed about current events, allows one to follow the latest developments in science and politics, and offers an endless series of programs which are both instructive and entertaining.

人们常说，通过电视可以了解时事，掌握科学和政治的最新动态。从电视里还可以看到层出不穷、既有教育意义又有娱乐性的新节目。

The theoretical separation of living, working, traffic and recreationi which for many years has been used in town-and-country planning, has inmy opinion resulted in disproportionate attention for forms of recreatioin far from home, whereas there was relatively little attention for improve ment of recreative possibilities in the direct neighborhood of the home.

城乡规划中，多年来在理论上都是把居住、工作、交通和娱乐相互分隔开来的。在我看来，这导致了对远离居住区的各种娱乐形式的过分重视，而对居住区附近娱乐设施的改进注意甚少。

While the present century in its teens, and on one sunshiny morning in June, there drove up to the great iron gate of Miss Pinkerton's academy for young ladies, on Cheswick Mall, a large family coach with two fat hor ses in blazing harness, driven by a fat coachman in a three—cornered hat and wig, at the rate of four miles an hour.

（当时）这个世纪刚过了十几年。在6月的一天早上，天气晴朗，契息克林荫道上平克顿女子学校的大铁门前面来了一辆宽敞的私人马车。拉车的两匹肥马套着雪亮的马具，一个肥胖的车夫戴了假头发和三角帽子，赶车子的速度是1小时4英里。

4. 综合法

在具体的翻译实践中，有时很难用一种翻译方法对原文进行恰当的翻译，更多的时候是综合使用多种翻译方法，这样可以使译文更加准确、流畅。例如：

She was a product of the fancy, the feeling, the innate affection of the untutored but poetic mind of her mother combined with the gravity and poise which were characteristic of her father.

原来她的母亲虽然没受过教育，却有一种含有诗意的心情，具备着幻想、感情和天生的仁厚；他的父亲呢，又特具一种沉着和稳重的性格，两方面结合起来就造成她这样一个人了。

But Rebecca was a young lady of too much resolution and energy of character to permit herself much useless and unseemly sorrow for the irrevocable past; SO having devoted only the proper portion of regret to it, she wisely turned her whole attention towards the future, which was now vastly more important to her.And she surveyed her position, and its hopes, doubts, and chances.

幸而利蓓加意志坚决、性格刚强，觉得既往不可追，白白地烦恼一会儿也没有用，叫别人看着反而不雅，因此恨恨了一阵便算了。她很聪明地用全副精神来盘算将来的事，因为未来总比过去要紧得多。她估计自己的处境，有多少希望、多少机会、多少疑难。

But though virtue is a much finer thing, and those hapless creatures who suffer under the misfortune of good looks ought to be continually put in mind of the facts which awaits them; and though, very likely, the heroic female character which ladies admire is a more glorious and beautiful obj ect t han the kind, fresh, smiling, artless, tender little domestic goddess, whom men are inclined to worship-yet the latter and inferior sort of women must have this consolation--that the men do admire them after all; and that, m spite of all our kind friend's warnings and protests, we go on in our desperate error and folly, and shall to the end of the chapter.

当然，德行比美貌要紧得多，我们应该时常提醒不幸身为美人的女子，叫她们时常记着将来的苦命。还有一层，男人们虽然把那些眉开眼笑、肤色鲜嫩、脾气温和、心地善良、不明白世事的小东西当神明似的供奉在家里，太太小姐们却佩服女中的豪杰；而且两相比较起来，女中豪杰的确更值得颂扬和赞美。不过，话虽这么说，前面一种女人也有可以聊以自慰的地方，因为归根到底，男人还是喜欢她们的。我们的好朋友白费了许多唇舌，一会儿警告，一会儿劝导，我们却至死不悟，荒唐糊涂到底。

第三节 英汉篇章对比与翻译

由于语言使用方式、风俗习惯等因素的影响。英汉在篇章上存在着很大差异。对英汉篇章进行对比与翻译研究，能够提高语言学习者的语篇运用能力和英语习得能力。鉴于此，这里就对英汉篇章对比与翻译进行研究，主要从英汉衔接手段、段落结构、语篇模式三方面进行对比分析，并介绍篇章翻译的技巧。

一、英汉衔接手段对比

在语言学中，语篇指的是一个任何长度的、语义完整的口语或书面语段落。换句话说，语篇就是由一系列连续的话或句子构成的语言整体。

需要特别强调的一点是，虽然语篇是由句子构成，但是构成语篇的句子却不是可以随便选择的。这些句子之间需要有一定的逻辑关系，对表现段落或文章主旨有一定的促进作用。这就显示了语篇之间衔接的重要性。若想文章的主题鲜明、句意通畅，使用好衔接手段十分重要。衔接手段是语句成篇的保证，也是表现文章中心思想的重要手段。由于英汉语言在语法衔接手段上表现的差异较明显，因此下文中主要对英汉语法衔接手段进行对比和分析，主要从照应、省略、替代、连接四方面进行。

（一）照应

1. 英汉照应的现象

当句子中的单词无法进行自我解释时，就需要其他的单词或句子对其进行解释，这种现象就是照应。这就是说，所谓照应就是指在篇章中一个语言成分与另一个语言成分互相解释说明的现象。例如：

Readers look for the topics of sentence to tell them what a whole passages is "about"，if they feel that its sequence of topics focuses on a limited set of related topic，then they will feel they are moving through that passage from cumulatively coherent point of view.

在这个例子中，需要对 they 的具体含义进行推断和理解。这就需要对 they 所指的对象进行分析。在分析时可以对篇章中 they 的照应词进行确定。通过对句子的观察，可以发现 they 与 readers 构成照应关系，从而确定了 they 的含义和所指。

在汉语语篇中，照应的关系也十分常见。例如：

她不是鲁镇人。有一年的冬初，四叔家里要换个女工，做中人的卫老婆子带她进来了，头上扎着白头绳，乌裙，蓝夹袄，月白背心，年纪大约二十六七，脸色青黄，但两颊却还是红的。卫老婆子叫她祥林嫂，说是自己母家的邻舍，死了当家人，所以出来做工了。

在上面的篇章中，出现了三个"她"。作者在叙述过程中巧妙地使用衔接手段，使整个篇章前后照应，形成了一个整体。读者在读到这样的段落时，也能清楚地明白"她"指的是"祥林嫂"。

2. 英汉照应的对比

虽然在英语和汉语的篇章中都大量使用照应的现象，但是在英语中使用人称代词的频率却远远高于汉语。这个现象主要是由于英汉之间篇章的行文特点所决定的。英语注重句子结构的完整性及语法的一致性，为避免重复，必须使用人称代词。而汉语句子往往一个主语可以管辖几个分句，甚至几个句子或整段语篇，因此人称代词的使用频率低。

由于这种照应手段上的差异，在进行英汉语言翻译的过程中就需要译者对原文进行分析和理解，找出正确的翻译方式，对原文进行适当调整，从而译出符合译入语表达习惯的译文。例如：

Quietly，SO as not to disturb the child's mother，he rose from the bed and inched toward the cradle.Reaching down，he gently lifted the warm bundle to his shoulder.Then，he tiptoed from the bedroom，she lifted her head，opened her eyes and-daily dose of magic--smiled up at her dad.

原译：他不想弄醒熟睡的妻子，小心翼翼地下了地，一步一步慢慢走到女儿的小床边，他弯下腰来，伸出双手轻轻地连女儿带包被一起抱了起来贴在自己的胸前。他踮着脚尖走出了卧室。怀中的女儿抬了抬头，睁开睡眼，咧开小嘴冲他朦胧地一笑。女儿的笑打动着他这颗当父亲的心，天天如此。

改译：他不想弄醒熟睡的妻子，小心翼翼地下了地，一步一步慢慢走到女儿的小床边，（省略"他"）弯下腰来，伸出双手轻轻地连女儿带包被一起抱了起来贴在自己的胸前，（省略"他"）踮着脚尖走出了卧室。怀中的女儿抬了抬头，睁开睡眼，咧开小嘴冲他朦胧地一笑。女儿的笑打动着他这颗当父亲的心，天天如此。

在上面的例子中，起到对应关系的代词是 he 和 his。通过对两个译文进行分析可以看出，调整之后的译文更符合汉语的表达习惯，行文更加通顺晓畅。再如：

老栓正在专心走路，忽然吃了一惊，远远地看见一条丁字街，明明白白横着。他便退了几步，寻找一家关着门的铺子，蹩进檐下，靠门立住了。

Absorbed in his walking, Old Shuan was startled when he saw the cross road lying distinctly ahead of him.He walked hack a few steps to stand under the eaves of a shop in front of its closed door.

原文中"老栓"和"他"进行了对应，因此译文抓住了句子的特点，将主体老栓的形象翻译得十分准确到位。译者在分析句子结构和词汇照应关系的基础之上进行翻译，不仅准确表现出了原文想表达的思想，同时也符合译入语国家的语言表达习惯，便于读者的阅读和理解。

在具体的翻译实践过程中，当碰到语篇中存在照应关系时，译者首先应对篇章进行分析与整合，然后根据不同语言的特点进行适当调整。具体可分为以下两类：

（1）在英译汉中，可以遵循"省略原则"，即略去原文中频频出现的实现人称照应的人称代词。

（2）在汉译英时，必须增加必要的人称代词，从而实现其照应关系。

（二）省略

所谓省略，指的是在篇章或句子中省去某个成分的衔接手段。但是在篇章中不是可以随便省略，省略需要在不改文意的情况下进行。在篇章中使用省略的衔接手段，能够避免文章句子的重复，使句子表达简练紧凑。

1. 省略的分类

省略一般有以下三种类别：

（1）名词性省略（nominal ellipsis）。所谓名词性省略，指的是在句子中省略名词的衔接手段。例如：

Jack was apparently indignant, and（ ）left the room at once.

这个例句为名词性省略，省略做主语的 he。

（2）动词性省略（verbal ellipsis）。所谓动词性省略，指的是在句子中省略动词的衔接手段。例如：

Reading makes a full man; conference（ ）a ready man; writing（ ）an exact man.

这个句子为动词性省略，省略动词 makes。

（3）分句性省略（clausal ellipsis）。所谓分句性省略，指的是在句子中省略分句的衔接手段。例如：

A: What does she mean by saying that?

B：I don't know for sure.

上文为分句性省略，know 后面省略了 what she means by saying that。

2. 英汉省略的对比

通过对英语和汉语进行对比可以发现，英汉省略存在一定的差异。总结起来，英语多省略谓语或动词，而汉语多省略主语或名词。例如：

We don't retreat，we never have （ ） and never will （ ）.

我们不后退，我们从来没有后退过，将来也不后退。

原文中括号部分为省略的成分：在 have 与 will 之后分别省略了 retreated 和 retreat。为了忠实地传达原文内容，译文中需要对省略的部分进行适当的补充和添加。再如：

柯灵，生于 1909 年，浙江省绍兴人，中国现代作家，1926 年发表第一篇作品——叙事诗《织布的妇人》，1930 年任《儿童时代》编辑，1949 年以前一直在上海从事报纸编辑工作，并积极投入电影、话剧运动，新中国成立后曾任《文汇报》副总编辑，现任上海电影局顾问。

KeLing was born in Shaoxing，Zhejiang Province，in 1969.He is a modern Chinese writer.His first writing，a narrative poem The Woman Weaver appeared in 1926.He was one of the editors of Children's Times from 1930 onwards.Before 1949 he was all along engaged in editorial work in newspaper offices and took an active part in activities of film and modern drama in Shanghai.After liberation he filled the post of deputyeditor in chief of Wenhui Bao for a period.He is at present adviser of Shanghai Film Bureau.

汉语句子重形合，追求整体上的完整。因此，在文章中需要读者对作者的思想进行把握。在原文中，主语"柯灵"只在第一句出现，由于"柯灵"被暗含在上下文之中，读者不会有理解上的困难。但是，英语注重的是意合，也就是句子力求表达清晰、明确。因此，在译文中，译者需要对原文中省略的部分进行添加，也就是通过多个 he 将被省略的主语 KeLing 补充完整。

（三）替代

在语篇中经常会出现一些需要重复的内容，但是内容的重复会使文章显得拖拉、繁复，因此经常出现替代的衔接手段。

替代是指语篇中用代词或代动词来替换不想重复的部分。替代可以有效避免重复，并使上下文更加连贯。照应表达的是对等关系，而替代表达的是同类关系。

1. 替代的分类

一般而言，替代分为名词性替代（nominal substitution）、动词性替代（verbal substitution）和分句性替代（clausal substitution）。例如：

Jane needs a new bicycle.She's decided to buy one. （名词性替代）

简需要一辆新的自行车，于是她决定买一辆。

这个例子为名词性替代，文中用 one 替代 a new bicycle。

甲：请问您想要哪种饮料？

乙：红的还是白的，大家统一统一意见。（名词性替代）

此对话也是名词性替代，在句中将"红的"与"白的"替代"饮料"。再如：

He never goes to bar at night，nor do his colleagues.（动词性替代）

今天又来了五个样品需要加工，你做不做？（动词性替代）

People believe that Jane will win the first prize in the English Competition.John thinks so，but I believe not.（分句性替代）

高年级的负责张贴海报，低年级的负责分发宣传彩页。这样合理吧？

（分句性替代）

2. 英汉替代的对比

在英汉两种语言中都存在着替代的衔接手段，但是相比之下，英语在替代的使用频率和手段上都比汉语丰富。

（1）替代的使用频率对比。汉语中替代手段的使用频率远远低于英语，这是因为汉语往往使用原词复现的方式来达到语篇的衔接与连续。例如：

Darcy took up a book；Miss Bingleg did the same.

达西拿起一本书来，彬格莱小姐也拿起一本书来。

（2）替代的使用手段对比。英语的替代手段明显多于汉语。以名词性替代为例，英语有 this，that，one，ones，the same 等，而汉语大概只有"的"字结构。清楚地认识这种差异对翻译实践有很大帮助，在英汉互译时就可以利用英汉语在替代上的差异来有效指导翻译活动。例如：

Efforts on the part of the developing nations are certainly required.So is a reordering of priorities to give agriculture the first call on national reSOUreeS.

发展中国家做出努力当然是必需的。调整重点，让国家的资源首先满足农业的需要，这当然也是必需的。

原文用 so 替代 certainly required，这种表达符合英语习惯。译文对"是必需的"进行了同义重复，则是适应了汉语读者的阅读习惯。

（四）连接

连接是表示各种逻辑意义的连句手段。通过使用各种连接词语，句子间的语义逻辑关系可以明确表示出来，人们甚至可以经前句从逻辑上预见后续句的语义。

1. 英语关系连接词

韩礼德将英语的连接词语按其功能分为以下四种类型：

（1）添加、递进。添加、递进（additive）指的是在一个句子之后还有扩展余地，可以再添加一些补充信息。常见的连接词包括 and，furthermore，what is more，in addition 等。例如：

The world is steadily becoming more and more over-populated.In addition，the resources of the world are being gradually used up.

在上文中，添加了 in addition 作为句子的连接词，从而使句子的衔接更加自然和清晰。

（2）转折。转折（adversative）是指前后句意完全相反。常见的连接词包括 but，however，conversely，on the other hand 等。例如：

The movements of these cycles are very much the same in a normal life，but the music must be provided by the individual himself.

（3）因果。因果（causal）指的是前后句存在原因与结果的关系。常见的连接词包括 because，since，as，for，for this reason，consequently 等。例如：

Be in a state of abundance of what you already have.I guarantee they are there；it always is buried but there.Breathe them in as if they are the air you breathe because they are yours.

（4）时序。时序（temporal）指的是篇章中事件发生的时间关系。常见的连接词包括 first，then，next，in the end，formerly，finally 等。例如：

Though he was thought foolish，he stuck to his purpose，and finally achieved great accomplishments.

上例中，出现了时序连接词 finally。这种时序连接词的出现能够使句子衔接更加完整，同时也使句子更加富有层次感。

2.汉语关系连接词

和英语一样，汉语中也存在着表示上述四种关系的连接词。

（1）表示添加、递进意义的连接词有"而且""况且""此外""另外"等。

（2）表转折意义的连接词有"但是""然而""可是"等。

（3）表因果的连接词有"因为""故此""由于""所以""于是"等。

（4）表时序的连接词有"此后""最后""原先""此前""接着""后来"等。

3.英汉连接的对比

英汉两种语言的连接词都是意义明确的词项，都能够明白无误地表达句子之间或段落之间的语义关系和逻辑关系。但是，二者在具体的使用过程中又体现出不同的特点。具体来说，英语连接词呈显性，而汉语连接词呈隐性。例如：

A second aspect of technology transfer concentrates on US high technology exports. China has correctly complained in the past that the US was unnecessarily restrictive in limiting technology sales to China.Recently some liberalization has taken place and（1）major increases in technology transfers have taken place as the result.However（2），some items continue to be subject to restrictions and unnecessary delay，in part because（3）the US Government subunits many items to COCOM for approval.There is significant room for improvement with the US bureaucra ey and COCOM.

But（4）there is also reason to believe that the flow of technology will continue to grow and（5）that much of the maj or new technological innovation likely to occur in the US in coming years will be available to China.Also（6）, as（7）new technology is developed in the US and other industrialized countries, older technologies will become available at a lower price and（8）export restrictions on them will ease.

技术转让第二方面集中在美国的高技术出口方面。过去中国曾抱怨说，美国不必要地限制对中国出售技术，这种抱怨是情有可原的。由于（1）近来限制有所放宽，技术转让大大增加。但是（2），还有些项目继续限制出口或受到不必要的延误，其中部分原因是（3）：美国政府要把许多项目提交巴黎统筹委员会批准。美国的官僚主义和巴黎统筹委员会的做法都大有改进的余地。

我们同样也有理由相信技术交流会继续发展；在今后几年里，美国可能出现的重大技术革新项目，有许多会转让给中国。随着（7）新技术在美国和其他工业化国家发展，老一些的技术将以较低的价格出售，对它们的限制也（8）会放宽。

英语原文中共使用了八个连接词，它们分别是 and，However，because，But，and，also，as，and。在翻译成汉语的过程中，（4）、（5）、（6）被省略，（1）、（3）、（7）、（8）被分别改译为"由于""其中部分原因是""随着""也"，只有（2）保持了原义"但是"。

通过对上文分析可知，英语连接词使用比较明显的手段将句子进行连接。而汉语连接词有的不出现，有的则显得比较松散，但内在的语义仍是连续的，充分体现出其隐性连接的特点。

二、英汉段落结构对比

段落（paragraph）是具有明确的始末标记、语义相对完整、交际功能相对独立的语篇单位。完整的段落必须主题明确、结构合理、完整统一。

英汉两个民族在思维方式与语言表达习惯上的不同，使英语段落与汉语段落在结构与内容安排上也产生了一些差异。下面就来具体分析两种语言的段落结构特点。

（一）直线推理段落结构

英美人的思维模式是直线型的，通常按照逻辑直线推理的方式进行，且每个段落必须集中一个内容。因此，英语段落通常包括以下三个部分；

（1）主题句（topic sentence）：点明整个段落的中心思想或主题。

（2）扩展句（supporting detail）：通过细节对主题进行说明。

（3）结论句（concluding sentence）：重申段落主题，与主题句首尾呼应。

例如：

（1）Although the New Testament writers used the popular language of their day, they often achieved great dignity and eloquence. (2) Convinced of the greatness of their message, they often wrote naturally and directly, as earnest men might speak to their friends. (3) Although St.Mark's writing was not necessarily polished, he wrote with singular vigor and economy. (4) St.John struggled with the language until he produced sparse and unadorned prose of great beauty. (5) St.Paul, at his best, reached heights of eloquence which some consider unsurpassed in literature. (6) St.Luke, the most brilliant of the New Testament writers, gave US Jesus' Parable of the Prodigal Son. (7) Taken as a whole, the work of these great Christian writers of the first century has a dignity and splendor all its own.

这个段落由七句话组成，下面对其结构进行分析。

（1）和（2）点明了全段的主题：尽管那些《新约》的作者们用了他们当时流行的语言，他们常常取得了高贵和雄辩。深信于他们言语的伟大，他们经常写得自然而直接，就像热心的人们向他们的朋友述说那样。换句话说，（1）和（2）告诉读者，作者将从文学作品而不是圣经的角度对《新约》进行讨论。

（3）、（4）、（5）、（6）分别以圣马可、圣约翰、圣保罗、圣卢克为例来说明本段的主题：圣马可的创作有奇异的活力和简约的风格，圣约翰用精练和朴实作创造出华美的散文，圣保罗的雄辩程度难以超越，圣卢克是最有才气的新约作者。通过对这四个例子的分析，读者可以明白，正是因为《新约》作者的文采才使得《新约》受到世人尊敬并享有雄辩的赞誉。

（7）作为段落的总结句再次重申了作者的观点：基督的作者们享有尊严和荣耀。

总体来说，这是一个典型的直线型段落，观点鲜明、理由充分、结论明确。

（二）螺旋形段落结构

中国人的思维模式是曲线型的，习惯跳动、迂回、环绕的方式，这使汉语段落呈现出螺旋形的特点。具体来说，汉语段落以反复而又发展的螺旋形形式对一个意思加以展开，中间做出的结论又被进一步展开，或者成了一个新的次主题的基础。例如：

索引在我国出现得较晚。有人认为起源于南北朝的类书就具备了索引的性质，这种说法是不科学的。类书是将群书中可供参考的资料辑录出来，分类或依韵编排的一种工具书。它具有文献摘要的性质，并且所记录的范围漫无边际，而索引则只注明文献的出处，使读者"执其引以得其文"，并不司摘录原文之职。并且索引还有严格的范围，如作《史记人名索引》就绝不可将《汉书》中的同名人物一并编入。

为古书作索引大体始于明清之际。明末的著名学者傅山曾编制了《春秋人名韵》、《春秋地名韵》。乾隆时汪辉祖编制了《史姓韵编》是依韵编排的。嘉庆的毛谟所编制的《说文检字》，采用了用部首笔画来进行编排的方法。

本例中，"索引在我国出现得较晚"是主题句，但下面的段落并没有以此为中心思想展开。第一段主要是讨论类书和索引的区别。在第二段，作者才回到主题上来，继续谈索引在我国出现的时间。这充分体现出汉语段落迂回、反复的特点。

三、英汉语篇模式对比

语篇模式就是对语篇的发展布局和信息的分布进行的规划和设计。由于民族的差异性，英汉在思维、语言使用习惯上都存在着不同，因此其语篇发展模式也不尽相同。这里主要对英汉语篇模式进行对比。

（一）英语语篇模式

1. 叙事模式

叙事是以记人、叙事为主要职能，对社会生活中的人或事物的发展变化进行叙述与描写的一种模式。叙事通常采取第一人称或第二人称，一般情况下要将"5W1H"交代清楚，即 when，where，what，who，why 和 how。

2. 匹配比较模式

匹配比较模式用来比较两种事物的异同点，常用于说明或议论。匹配比较模式的展开方式有两种，一种是整体比较，另一种是点对点比较。

3. 问题—解决模式

问题—解决模式的应用范围比较广泛，不仅出现在科学论文、新闻报道中，还出现在文学篇章中。完整的问题—解决模式包括情景、问题、反应、评价（结果）四个环节，但在实际应用中，这四个环节有可能会调整顺序或缺少其中某一个环节。

4. 概括—具体模式

概括—具体模式又称"预览—细节模式"（preview-detailed pattern）、"综合例证模式"（general-example pattern）或"一般—特殊模式"（general-particular pattern）。其具体的展开方式是，开篇先进行概括陈述，然后用若干个例进行具体陈述，以说明概括陈述的合理性。

5. 主张—反主张模式

在主张—反主张模式中，作者通常先提出一种普遍认可的观点，然后对该观点进行反驳并说明自己的观点，多出现于辩论性质的篇章中。

（二）汉语语篇模式

1. 横向模式

汉语语篇的横向模式要求文中各个层次互不从属，平行排列。例如：

陈小手的得名是因为他的手特别小，比女人的手还小，比一般女人的手还更柔软细嫩。他专能治难产。横生、倒生，都能接下来。据说因为他的手小，动作细腻，可以减少产妇很多痛苦。大户人家，非到万不得已，是不会请他的，中小户人家，忌讳较少，遇到产妇胎位不正，老娘束手时，老娘就会建议"去请陈小手吧。"

（汪曾祺《陈小手》）

本例正面说陈小手的医术高明，侧面则从大户人家对陈小手的态度上体现了主题。整个语篇的层次关系靠语义自然衔接，属于平行关系，具有横向模式的特点。

2. 纵向模式

汉语语篇的纵向模式要求各个层次之间具有连接关系，层层递进。例如：

听见有人喊："出海市了！"只见海天相连处，原先的岛屿一时不知都藏到哪儿去了，海上劈面立起一片从来没有见过的山峦，黑苍苍的，像水墨画一样。满山都是古松古柏；松柏稀疏的地方，隐隐露出一带渔村。山峦时时变化，一会儿山头上现出一座宝塔，一会儿山洼里现出一座城市，市上游动着许多黑点，影影绰绰的，极像是来来往往的人马车辆。又过一会儿，山峦城市渐渐消散，越来越淡，转眼间，天青海碧，什么都不见了。原先的岛屿又在海上现出来。

（杨朔《海市》）

本例描写了海市蜃楼从出现到消失的过程，采用了三种推进方式：按从大到小的方式描写山峦、山上的古松古柏、古松古柏后面的渔村；按从上到下的方式描写山峦、城市、人群；按从深到浅的方式描写海市蜃楼的消失。总体来看，全段层层递进，将海市蜃楼的出现和消失描绘得十分逼真。

3. 总—分—总模式

"总—分—总"模式在汉语语篇中出现得也比较频繁。具体来说，这种模式会在开头就点出主题，接着从细节处对主题进行说明、分析、描写或论证，结尾时则再次对主题进行概括。例如：

（1）盼望着，盼望着，东风来了，春天的脚步近了。

（2）一切都像刚睡醒的样子，欣欣然张开了眼。山朗润起来了，水涨起来了，太阳的脸红起来了。

（3）小草偷偷地从土里钻出来，嫩嫩的，绿绿的……

（4）桃树、杏树、梨树，你不让我，我不让你，都开满了花赶趟儿……

（5）"吹面不寒杨柳风。"不错的，像母亲的手抚摸着你……鸟儿将巢安在繁花嫩叶当中，高兴起来了……牛背上牧童的短笛，这时候也成天嘹亮地响着。

（6）雨是最寻常的，一下就是三两天……

（7）天上风筝渐渐多了，地上孩子也多了……

（8）春天像刚落地的娃娃，从头到脚都是新的，它生长着。

（9）春天像小姑娘，花枝招展的，笑着，走着。

（10）春天像健壮的青年，有铁一般的胳膊和腰脚，领着我们上前去。

（朱自清《春》）

本例是《春》各段的主要内容。（1）是盼春，（2）到（7）分别从小草、树、雨、风筝等方面分别描绘了春天的景象，（8）到（10）则通过两三个比喻歌颂了春天，总括了全文。本例充分体现出"总—分—总"模式的特点。

通过以上分析不难看出，英语与汉语在语篇发展模式上各有特点。总体来说，英语语篇多用显性连接方式，各种连接成分使语篇成为一个有形的网络。另外，英语语篇多采用演绎型思维模式，按照从一般到特殊的顺序先综合、后分析。而汉语语篇很少采取显性连接手段，语篇的中心意思也不是很突出，在很多情况下需要读者自己去揣摩、体会。

四、篇章翻译的技巧

英汉语言具有多方面的差异性，因此在进行篇章翻译的过程中，如果逐字逐句翻译难免会使译文生硬、不连贯。在实际的语篇翻译过程中，由于中英文衔接手段的差异，需要译者根据语言的特点对文章结构进行梳理，从而翻译出符合译入语国家语言习惯的译文。下面分别通过段内衔接、段际连贯、语域一致三方面对英汉语篇的翻译技巧进行介绍。

（一）保证段内衔接

由于英汉语言之间的差异性，在对原文进行翻译时，译者不能死译、硬译。这样会造成文章逻辑混乱、线索不明晰，最终影响整个篇章的结构和思想表达。

作者在进行文章的写作时，首先需要对文章进行总体上的布局，保证其整体性和连贯性。每一个连贯的语篇都有其内在的逻辑结构。因此，译者在翻译时也需要对语篇脉络进行分析，将语篇中的概念进行连接整合，进而使译文能够逻辑清晰、顺序明确。

在实际的语篇翻译过程中，译者可以使用具体的翻译技巧对文章段落进行内部的衔接和整合。

1. 替代与重复的翻译技巧

通常来说，英语段落中是依靠词语的替代来进行句子与句子之间的呼应的，即使用代词、同义词、近义词以及代替句型等来替换前文出现过的词语；而在汉语段落里，句子间的呼应往往由重复的词语来完成。因此，在英译汉过程中，原文中替代的部分通常要用重复的手法翻译，即通过重复实现译文的段内衔接。例如：

Wrought iron is almost pure iron.It is not frequently found in the school shop because of its high cOSt.It forges well，can easily be bent hot or cold，and can be welded.

熟铁几乎就是纯铁。熟铁在校办工厂里不太常见，因为价格很贵。熟铁好锻，很容易热弯和冷弯，还能够焊接。

在上面的英语原文中，用代词 it 替代了 wrought iron，实现了句子间的衔接。在中文译文中，译者通过重复的手法来进行句子间的衔接，即重复使用"熟铁"这一词语。

在进行汉译英的翻译过程中，由于汉语原文中出现的重复词语较多，因而需要使用替代的方法。

2. 省略部分的翻译技巧

省略现象在英语和汉语中都很常见。多数情况下，英语按语法形式进行省略，如省略名词、动词、表语，主谓一致时的主语或谓语等。而汉语则往往按上下文的意思进行省略，包括省略主语、谓语、动词、关联词、中心语和领属词等。

前述内容提到，英语是重形合的语言，汉语是重意合的语言，从英汉对比的角度来看，英译汉时，许多英语原文中省略的部分，在相应汉语译文中就不能省略。例如：

A man may usually be known by the books he reads as well as[…] by the company he keeps：for there is a companionship of books as well as […]of men；and one should always live in the best company，whether it be[…]of book or[…]of men.

要了解一个人，可以看他交什么样的朋友，可以看他看什么样的书，因为有的人跟人交朋友，有的人跟书交朋友，但不管跟人交朋友还是跟书交朋友，都应该交好朋友。

上述英语原文中，共有四处省略现象。第一处省略了谓语 be known，第二处省略了名词短语 a companionship，第三处和第四处省略了名词短语 the best company。总体来说，这些省略都是语法层面的省略。对应汉语译文中将这些省略部分都补充了出来，使译文读起来更为通顺、流畅。

3. 连接性词语或词组的翻译技巧

在对英汉篇章进行翻译的实践中，能够发现很多连接性词语或词组。对这些具有连接作用的词汇或词组进行准确翻译，不仅能够促进读者对文章结构和脉络的理解，同时还能加深读者对文章中心的感知。鉴于此，对具有连接性词语或词组的翻译进行掌握十分有必要。例如：

（1）表示举例或特指的 for example，for instance，in particular，specially 等。

（2）表示转折的 but，however，nevertheless 等。

（3）表示频率的 often，frequently，day after day 等。

（4）表示方向的 forwards，backwards，in front of，behind 等。

通过这些连接词或词组的使用实现段内或段落间的衔接与连贯。对于这些词的译法并没有统一的标准，有时会出现一词多译的现象，翻译时译者要根据上下文以及译入语的表达习惯进行灵活翻译。例如：

I woke up the next morning. thinking about those words-immensely proud to realize that not only had I written SO much at one time，but I'd written words that I never knew were in the world.Moreover，with a little effort，I also could remember what many of these words meant.I reviewed the words whose meanings didn't remember.Funny thing，from the dictionary first page right now，that aardvark springs to my mind.The dictionary had a picture of it，a long-tailed，long-eared，burrowing African mammal，which lives off termites caught by sticking out its tongue as an anteater does for ants.

第二天早晨醒来时，我还在想那些单词。我自豪地发现不仅自己一下子写了这么多，而且以前我从来不知道世界上存在着这些词。并且，稍加努力，我也能记住许多单词的意思，随后，我复习了那些难记的生词。奇怪的是，就在此刻，字典第一页上的一个单词 aardvark（土豚）跃入了我的脑中。字典上有它的插图，是一种生长在非洲的长尾、长耳的穴居哺乳动物，以食白蚁为生，像大食蚁兽一样伸出舌头捕食蚂蚁。

上述英文原文中，使用了表示时间的 the next morning，译为"第二天早晨"，表示递进关系的 Moreover，译为"并且"。此外，译者依据上下文的需要，在译文中增译了表示时间关系的"随后"，以此实现句子之间的连贯。

汉语使用连接词和连词性词组的频率要低于英语。实际上，英语中的一些连接词和词组的相应汉译词汇也是汉语里常用的连接词和词组。汉译英中的连接词或词组的翻译也没有统一标准，如"虽然"一词可以译为 although ／ though，yet ／ and yet，in spite of，notwithstanding 等。因此，译者需要根据上下文的逻辑关系对其进行翻译。

（二）注意段际连贯

语言片段以语篇意向为主线形成的语义上、逻辑上的连贯性称作"段际连贯"。同段内衔接一样，段际连贯也可以通过替代、重复、连接词的使用、省略等来实现，也可以通过一定的时空、逻辑关系的贯通来实现。

因此，译者在翻译的过程中，必须把每个词、每句话都放在语篇语境中去考虑，正确推断上下文的逻辑关系，领会作者的意图，适当遣词，从而保证译文的意思清晰、明了。例如：

When I first started to look into the origins of the symbol。I asked a Turk about the history of their flag…

As an explanation，however，this is at odds with astronomical data…

The rejection of this hypothesis on astronomical grounds is strongly supported by historical information that…

Going back in time，the next set of three hypotheses involves the fall of Constantinople on 29 May 1453…

The astronomical explanation associating the star and crescent with…

the fall of Constantinople must all be wrong.But there is also strong evidence for the use of the symbol throughout the Middle East at least as far back as the founding of Islam. For example…

我最初开始研究星月图案起源的时候曾经问过一个土耳其的学生，问他土耳其国旗上星月图案的由来……

但是，这个土耳其学生的说法与天文资料的记载不符。据天文资料记载……

从天文资料的记载来看，这个土耳其人的说法不成立……

追溯历史，关于星月图案，还有三种说法，都与 1453 年 5 月 29 日君士坦丁堡的陷落有关……

将星月图案的出现与君士坦丁堡的陷落联系起来纯属牵强附会。有确凿的证据表明：星月图案在整个中东地区出现至少可以追溯到伊斯兰教诞生之前。例如……

上述英语原文中使用了替代的手法来实现各段之间的衔接，如用 the symbol 替代 the star and crescent，用 this，this hypothesis 来替代 the origins of the symbol。汉语译文中则主要是靠重复的手段实现文章的连贯。

需要注意的是，翻译时为了使译文条理更加清晰，易于译入语读者理解，译者需要改变原文的结构形式，对原文的段落进行适度的拆分与合并。

（三）保持语域一致

语域指的是语言因使用的场合、交际关系、目的等的不同而产生的语言变体，涉及口头语与书面语、正式用语与非正式用语、礼貌用语与非礼貌用语等方面。

语域是篇章翻译中不可忽视的一个方面，一篇好的译文既要将原文的意义准确、完整地译出来，又要恰当地再现原文的语域特点。例如，给不同的人写信，语气就不相同，因而写信人与收信人的亲疏关系就可以从信的字里行间透露出来。因此，在进行翻译时就应了解与把握这种语域区别，以使译文能够再现原文的意图。例如：

Dear Peter，

Sorry to trouble you，but I've got a bit of a problem with that necklace I lost. They've found it but don't want to send it back—they expect me to come and pick it if you please！I've written to their head office in London，but do you think there would be any chance of your picking it up for me next time you're in Brighton on business？If you can do it，phone me in advance so that I can authorize them to give it to you.You'd think it was the Crown Jewels，the way they're carrying on！

Best wishes，

Mary

译文

彼得：

麻烦你一件事，我遗失的项链出了个小问题。他们已经找到，但不愿寄给我——让我自己去取，竟有这事！我已经写信到伦敦总店，但不知你下次到布莱顿出差时是否可能帮我代取一下？如可行，事先给我个电话，我好授权让他们交给你。他们煞有介事，你准以为是凤冠霞帔呢！

安好

玛丽

上述信函原文使用的是一种非正式的格式。对原文通读可以发现其语气平易亲切，句法口语化、简单易懂。因此，可以推知这封信是写给朋友的。掌握了这种信息，在译文中也需要对原文的口语化特点进行忠实反映，从而更好地实现原文想要表达的效果。

　　需要指出的是，如果原文是正式的公函，在翻译时就需要使用正式的语言表达方式。

第三章 英汉修辞、语用、语义对比与翻译

第一节 英汉修辞对比与翻译

就修辞手法而论，英汉语言所拥有的修辞格相同或相似。英语中绝大部分常用修辞格都能在汉语中找到与它们相同或相似的修辞方式；同样，汉语的修辞方式在英语中亦能找到基本对应的表达。但是作为分属不同语系的两个语种，英汉修辞必定存在不同之处。双方历史发展的不同、风俗习惯和生活环境的相异，甚至美学观念的差别，往往赋予了同一种概念不同的比喻或不同的修辞格的表达方式。此外，双方不同范围的词汇搭配，不对应的语言音韵节奏，也决定了双方不同的修辞选择。

差异性的存在给翻译工作者带来了巨大的挑战。如何理解并且深入领会中西文化的差异是翻译工作者要解决的首要问题。作为文化的一个重要体现，修辞手法的准确阐释与表达是判定翻译质量的一大重要指标。译文若不能正确表现原文中的修辞手法，就不能忠实地表达原文的意思、精神和风格。即使大意差不多，也会削弱原文的语言感染力。这就要求我们分析两种语言修辞的异同，探讨它们各自常用的比喻形象能否为对方接受，以及它们的词汇搭配是否符合对方的习惯。因而，本章就英汉修辞手法异同展开论述，分析修辞差异产生的原因、修辞应用的异同，为翻译提供参考性的思路。

在英汉翻译实践中，初学者不时为这一问题所困扰：为什么译文总嫌蹩脚？换言之，为什么汉语（或英语）不够地道？这里的原因是多方面的。但其中重要的一条恐怕在于还没有完全掌握译入语的修辞规律。很显然，英语和汉语不但在词汇、句法乃至辞格的运用方面具有诸种差异，在修辞即遣词造句方面也有各自的规律和特点。探索和了解这些规律和特点，尤其是比较其间的主要差异，必然会有助于我们提高译文的质量。下面，我们将基于对英汉两种语言对修辞的影响展开讨论，试图分析不同修辞选择的内在原因，以更好地理解中西文化，以准确达意。

一、什么是修辞

修辞是嘴边之词，且在日常生活中随处可见，稍稍在网上一搜，就可获得众多关

于修辞的文章。那什么是修辞？

陈介白（1936）曾给修辞学下过这样的定义："修辞学是研究文辞之如何精美和表出作者丰富的情思，以激动读者情思的一种学术。"在他的定义中，我们可以发现，修辞实际上包含以下三个要点：一是文字表达要精美，这是要求形式美；二是要有丰富的情思，这是要求内容美；三是要能激起读者的情思，这是要求效果美。这主要是从美学的角度阐释了何为修辞这样一个概念。

"美化文辞"固然是修辞的一个重要显著性特征，但是，纵观修辞的使用和效果，我们发现"美化文辞"这一狭小的天地难以囊括修辞和修辞学的全部内容。比如从语体的角度而言，科技语体和公文事务语体并不追求什么"美化文辞"，但属科技语体和公文事务语体的文章、文件、著作，同样存在修辞问题，同样需要人们去认真加以研究。而这些不得不说也是修辞学的一大重要研究内容，需要在定义里将其囊括和体现。因而，就有了综合性的定义，例如胡裕树（1995）主编《现代汉语》一书讲道："修辞是为适应特定的题旨情景，运用恰当的语言手段，以追求理想的表达效果的规律。修辞学就是研究这种规律的科学。"

由此可见，修辞不仅讲究恰当的语言表达以"求美"，还离不开特定的题旨情境，也就是所说的"规律性"。这一定义摆脱了之前修辞学的美学束缚，从一个宏观的高度去囊括和审视，异中求同，寻找规律，不论题材、语言、文化的差异，因而，对于翻译研究具有一定的指导意义。

二、修辞与文化

上文我们在给修辞定义中提到"修辞是为适应特定的题旨情景，运用恰当的语言手段"，可见，修辞受到一定的题旨情境的制约，是人的审美观点在语言里的表现，而非随意的自由发挥、语言的堆砌。不同的民族、不同的文化、不同的审美观点，注定产生不同的语言修辞。修辞从本质上说是一种文化现象。修辞受文化的影响，文化在修辞中得以体现，两者密不可分。我们这里所说的文化包括三类：物质文化、制度文化和心理文化。

（一）物质文化

物质文化属于文化的表层，是一切精神文化的基础，直接影响着人们的修辞活动。例如在比喻或借代的运作过程中，物质文化直接左右着喻体或代体的选择。如汉语常说"像老黄牛一样地干活"，英语却说"to work like a horse"（像马一样干活），因为汉民族历来用牛耕地，而英国早期用马耕地。可见物质文化对英汉语言选择喻体具有主导的作用。不同的生存环境形成不同的观念文化，如上述所示；相反，相同或相似的外部物质环境必然造就共同的观念文化。例如英国和日本虽然分属东西方国家，但同时又都是典型的"岛国"，有着共同的"岛国文化"和"鱼文化"，因此英语和日本中的大量比喻来自海洋或鱼类。如"守口如瓶"英语表达为"as close as an oyster",日语中有相似的表达。可见,修辞受物质文化的影响,甚至被物质文化所主导。

(二)制度文化

所谓"制度文化",指的就是成文或不成文的一切社会规约,包括风俗习惯。不同民族的制度文化也往往在比喻和借代中留下它们的痕迹。汉语常用"皇亲国戚"比喻"极有权势的人";然而,在西方民族中却流行着这样一个幽默的比喻"could do no wrong likea king"(像国王一样不会犯错误),因为西方实行议会制度,一切重大国事都要通过议会决定,国王毫无决策权,当然不会犯错误。同样以"皇帝"或"国王"做喻体,喻义却完全相反,这是不同的社会政治制度使然。

(三)心理文化

所谓"心理文化",即"观念文化"或"意识文化",存在于人们的潜意识里,是文化的最底层,也是最为丰富多彩的。不同民族有着不同的民族心理文化,这在比喻的运作中展示得最为淋漓尽致。英语中有一个奇特的明喻成语"as merry/lively as a cricket/agrig",只因为莎士比亚在《亨利四世》中用过"as merry as crickets"(像蟋蟀一样快活)。然而,与此正相反,"蟋蟀"在汉文化中却历来扮演着"悲哀、凄凉、烦恼"的角色。例如:"蟋蟀在堂,岁聿其莫。""蟋蟀在堂,岁聿其逝。"(《唐风·蟋蟀》)因此,英语明喻成语 as merry as a cricket 对汉民族的文化心理来说是不可接受的;对此,汉语有自己的喻体,即"快活如喜鹊"。但是反过来,这一明喻在英语中也是不可接受的。在英美传统文化观念中,"magpie"(喜鹊)并非快活的形象,而是形容喋喋不休而令人生厌的人。因此,英汉双语就遭遇了所谓的"文化冲突"。可见,不同的心理文化有不同的修辞表达。

二、修辞与语言

众所周知,所有的修辞活动都是借助于特定的语言材料。语言是修辞得以实现的基础和载体,修辞受语言材料的制约和主导。一般而言,修辞材料来自语言的三个层面,即语音、词汇和句法。由于各种语言的语音系统、词汇形态和句法结构各不相同,其修辞手法必然有所区别。

首先在语音和文字形态上。"语音是语言的物质外壳,文字是记录有声语言的视觉符号,都是语言赖以存在的物质形式,也都是重要的修辞资源之一。"(李国南,2005)东西方语言的语音系统和文字形态差别极大,各自都有一些特有的修辞方式。例如作为东西方语言都有的修辞方式"拟声",由于东西方语言音系方面的巨大差异,拟声词(汉语也称"象声词")不管在数量上还是在形态上都大不一样。汉语是以单音为主的语言,采用的又是表意文字,在描摹形状方面自有其不可比拟的优越性;可是在模拟声音方面，就不能不说稍逊一筹；而西方语言是多音的，采用的是拼音文字，在模拟自然声音方面自有无比的优越性，拟声词极为丰富。

其次是在词汇形态上。作为重要的修辞资源之一的词汇，是修辞产生、发展和运作的基础。词汇对于修辞的制约作用在"借代"手法上的运用表现最为明显。如在汉语表达中，有用"八斤半"指代头颅，而英语中则没有这样的表达。此外，汉语中的复数形式，也是英语中无法准确表达的内容。例如："单是周围的短短的泥墙根一带，就有无限趣味。油蛉在这里低唱，蟋蟀们在这里弹琴。"（鲁迅《从百草园到三味书屋》）"蟋蟀们"译成英语即复数式"crickets"，但仅此名词复数式无法将"蟋蟀"拟人化。

最后体现在句法结构上。修辞活动也是一种话语活动，离不开句法结构。因此，修辞活动往往要受到特定的句法结构的约束。汉语属"意合"（Parataxis）语言，连接成分较少；然而，英语则为典型的"形合"（Hypotaxis）结构，多连接成分，这就使得两种语言在句法功能上大相径庭。以上述所提到的拟声词翻译为例。尽管汉语的拟声词在英语中可以找到对应的词汇表达，但是两者的句法功能却是天差地别。英语拟声词在英语词典里都有明确的词类标记，绝大多数做名词或动词，因此，它们在句中一般都做主语、宾语和谓语。英语拟声词的词类早已归属明确；可是，汉语拟声词却仍然还是个无家可归的词类。对其词类归属及语法地位，至今还是个见仁见智的大问题。尽管说法不一，与英语拟声词的名词性和动词性特征相比，汉语拟声词具有鲜明的形容词特征，最常见的是做状语、定语和补语。（李国南，1999）此外，汉语"对偶"与英语"Antithesis"并非一一对应，不可同日而语。可以说，"对偶"是自然界的平衡对称规律与汉语言文字结合得天衣无缝的绝妙产物。汉语结构上重意合，连接成分少，顺来倒去皆成文章；构词上又以单音节词为基本表意单位，轻便灵活。可以说"对偶"是汉语结构所决定的，是汉语言文化的特有产物。（李国南，1991/1997）

修辞手段运用于话语，而话语的建构又离不开语音、词汇和句法，因此，一种语言的语音系统、词汇形态和句法结构必然影响着修辞手段的产生、运作和发展。

四、修辞与翻译

著名翻译理论家费道罗夫（1988）曾说过："翻译是一门专业性很强的语言学学科，它研究两种语言的对比规律……任何一种翻译……都要靠两种语言的对比。"可见，对比是翻译理论的核心。翻译的理论、方法和技巧建立在英汉两种语言异同对比的基础上。就英汉两种语言而言，由于历史、文化和社会状况的不同，两种语言在很多方面存在不少的差异，这就给翻译工作者带来不少的挑战。

而翻译实践告诉我们：对双语研究得越深刻，对原文理解越准确，运笔自觉性也越高，从而真正做到胸有成竹、下笔有神。因而，可以说修辞，特别是修辞比较研究是翻译学的一个重要研究课题。了解并掌握好英汉修辞上的共性和异性有助于提高翻译的质量，不仅可以有助于翻译工作者正确地理解原文中所运用的修辞表达，更有助于译者根据意义，结合目标语境和文化，或直译或再创造，形成类似的表达，从而达到意形结合、形神统一，提高翻译的效果，从而引起读者的共鸣。

五、英汉具体修辞手法对比与翻译

人们要准确、鲜明、生动地运用语言并充分发挥其作为交际工具的作用，必须学习和讲究修辞。英语和汉语的修辞手法大多相同或近似，因此，对二者进行一些研究，做一些对比是有益的。下面就几种常见的英汉修辞进行对比，并试图提出翻译技巧，为翻译初学者提供一些参考性思路。

（一）明喻（Simile）

据剑桥高级学习词典表述，"Simile refers to（the use of）an expression comparing onething with another, always including the words 'as' or 'like'"，换言之，明喻是指通过比喻词将具有某种共同特征的两种不同事物连接起来的一种修辞手法。一般由三个部分组成：①本体；②喻体；③喻词。

具体例子，例如：

1. Beauty, sweet love, is like the moming dew.

美丽、甜蜜的爱，犹如清晨的露珠。

2. My love is like a red, red rose.

我的爱人像一朵红玫瑰。

3. My heart is like a singing bird.

我的心像一只歌唱的鸟。

4. Rise, like lions afier slumber,

In unvanguishable number

Shake your chains to earth like dew,

Which in sleep had fallen on you-

You are many-they are few.

（Shelly）

（AII of you, awakened slaves, rise to arms, break the chains,

Which had fallen on you in your sleep, and be confident ofyour victory,

for you are invincible in number. ）

像睡醒的雄狮一样站起来吧，

你们的人数多得不可征服；

抖掉你们身上的锁链，

像抖掉沉睡时落在身上的霜露：

你们是多数，他们是少数。

（雪莱）

相应地，汉语中也有许多比喻词，如"像、好像、仿佛、宛如、恰似、如同、一般、一样"等。

例如：

1. 过去的事，一切都如同梦幻一般消失。

2. 她展眉而笑，宛如轻风拂起湖面的涟漪。

3. 新雨之后，苍翠如灌的山岗，云气弥漫，仿佛罩着轻纱的少妇，显得那么忧郁、沉默。

4. 她们从小跟小船打交道，驶起来就像织布穿梭缝衣透针一般快。

可见，英汉明喻修辞基本一致，可概括成下述公式：

A+ 比喻词 +B

在翻译的时候，大部分可以采取直译的手法。然而，正如一切事物均有例外，并非所有的明喻都可以直接照搬源语，由于中西文化的差异，有些意象所传递的内涵是截然不同的。在这种情况中，直译是远远走不通的，需要转换意象，力求归化，达到达意传神的效果。例如在"他壮实的像头牛"这个句子中，译者不能将其直译成"He is as strongas a cow."这是非常不可取的。尽管"牛"这个意象在中国是"健壮"的象征，但是英语中一直没有这样的表达习惯，而相反，"马"在西方人眼中，是强壮的代名词。因而，在翻译这个句子的时候，译者应该充分理解中西文化的差异，基于此，转换意象，完成翻译"He is as strong as a horse."

同样，汉译英也要考虑文化因素。比如 as hungry as a hunter 不宜译成"饿得像狩猎者一样"，而应译成"非常饿"，以符合中文的表达习惯和思维方式。再比如 as bold asbrass，"脸皮像黄铜一样"，这样翻译尽管是一一对应，信息齐全，但是读起来别扭，始终不是正宗的中文表达。相反"脸皮厚如城墙"则更符合中文表达风格。

因而，明喻的翻译始终离不开对中西文化的熟知。在意象相同或相近的情况下，能直译便直译，尊重原文；然而在某些文化蕴涵出现分歧的地方，在理解文本意思含情况下，尊重目标语的表达习惯，采用目标读者熟知的意象，以达到生动鲜明的表达效果。

（二）暗喻（Metaphor）

暗喻（metaphor），剑桥高级学习定义为"an expression which describes a person or objectin a literary way by referring to something that is considered to possess similar characteristicsto the person or object you are trying to describe:

'The mind is an ocean　'and' the city is n jungle　'are both metaphors.Metaphor and simileare the most commonly used figures of speech in everyday language.

也就是说，暗喻是明喻进一步的比喻，是一种隐藏的比喻，不使用比喻词，不表露比喻的痕迹，本体与喻体同时出现，本体隐藏在喻体内。如 "She is a woman with a stonyheart."（她是一个铁石心肠的女人。）"我是妈妈的掌上明珠"（I'm the apple of mymother's eye.）

可见，在暗喻这种修辞手法中，比喻是靠句子整体意象来传递，而非比喻词。试比较：

He is as stubborn as a mute.

He is a mute.

第一句以比喻词 "as…as" 来连接，是明喻，第二句直接是用 be 动词，将人物与意象等同，属于暗喻。

暗喻表达可以是名词，如：

Failure is the mother of success.

失败乃成功之母。

可以是宾语：

He still has a ray of hope.

他仍抱有一丝希望.

可以是谓语：

His mind swept easily over the world.

他对世上各方面的情况了如指掌。

可以是定语：

A heavy purse makes a light heart.

有钱一身轻。

因而，不管是明喻还是暗喻，这种修辞手法都引起了审美主体——读者的联想、思索和体味，从而获得美感。

暗喻的翻译原则基本与明喻一致，可采用：

1. 保留差异，等值再现

Our state to be disjoint and out of frame.

我们的国家突然脱了节，错了位。

frame（结构、框架）在英国伊丽莎白时代常用来指社会的秩序，不懂原文的人虽对这个形象不熟悉，但也能理解其喻义：一个政通人和的国家就如同一个很好的框架，而当政体有了恶变岂不就好像这个框架错了位、脱了节？

这种译法可谓 "形神兼备"，可最大限度地再现源语风貌，还可以借此丰富本民族语，体验一下异族情调的 "美"。

2. 代换比喻，去异求同

Mr. Smith may serve as a good secretary, for he is as close as an oyster.

史密斯先生可以当个好秘书，因为他守口如瓶。

"as close as an oyster" 这种表达方法对于中国人来说是陌生的，很难引起相同的联想和感情，因而，将喻体转换，改为"瓶"，以符合汉语的表达习惯。

这种翻译方法从审美角度看，并未损害译入语的接受美学功能，反而产生了相同的审美效果。

3. 放弃比喻，动态对等

The ship plows the sea.

船在乘风破浪地前进。

此处翻译放弃了"plow"的比喻手法，而将其译成"乘风破浪"。原因在于原比喻的差异既不能保留，又没有合适的代换。然而，我们可以发现，尽管舍弃了比喻，但是原文的美学价值还是被很好地保留下来。这就是依靠良好的中英文功能以弥补缺失，从而获得审美效果上动态的对等。

（三）借代（Metonymy）

借代是说话或写文章时不直接说出要表达的人。

1. 以部分代替整体

On the stage, we can see a sea of faces.

在舞台上我们可以看到一片人海。

Great minds think alike.

英雄所见略同。

一群蓝眼睛推开门，走了进来。

A group of blue eyes opened the door and entered the room.

2. 以整体代替部分

In the match England has won.

在这场比赛中，英国队赢了。

3. 以种类代替属类

He sets a good table.

他摆了一桌好菜。

She is a good girl at her needle.

她针线活很好。

4. 以属类类代替种

It is a pity that there is more ignorance than knowledge in our country.

在我国有知识的人太少，没有知识的人多，这是一件遗憾的事。

5. 以物质代替所制成的东西

He was bound in irons for three months.

他被戴上脚镣关了三个月。

6. 以个别代替种类

Shanghai is the Paris of the East.

上海是东方巴黎。

总之，借代即用某个特别、具体的特征来代替某一事物、某一部分。它是英汉两种语言共享的一种修辞手法。在翻译的时候，可以根据具体情况或直译或意译。

（1）直译法

直译法主要是针对那些与目标语"不谋而合"的借代或不至于影响理解的源语借代。

例如：

① The Patriot successfully cracked the Scud.

爱国者（导弹）成功地拦截了飞毛腿（导弹）。

② All of his purchases of recent years had to be liquidated at a great sacrifice both to hishealth and his pocketbook.

近年来他所购买的全部东西都不得不用来清偿债务。这对他的健康和钱包都是损失。

（9 The whole village rejoiced over the victory.

全村（人）都为这一胜利而欢欣鼓舞。

（2）意译法

意译法主要针对那些在目标语中找不到同等借代或直译不符合目标语表达习惯的借代。例如：

① He drained the bitter cup oflife to the bottom.

他饮尽了生活的苦酒。

② It seems to me I have won my wager and recovered my glove.

看来我已赌赢，有可能参加拳击比赛了。

③ He has never earned an honest penny in his life.

他一生中从未用正当手段赚过钱。

④ He chose a gun mstead ofa cap and a gown.

他选择了当兵，而没有选择上大学。

⑤ The cat laughed and talked loudly.

这个包藏祸心的女人大声说笑着。

（四）拟人（Personification）

所谓拟人就是把无生命的事物当作有生命的事物来描写，赋予它人的动作或思想感情的一种修辞手法。例如：

"Oxford is always different," he said to me once. "Always I see her in a new mood ofbeauty from these hills."

（"牛津总是千变万化。"他有一次对我说，"从这边小山看去，我总是发现她每次都表现出一种崭新的美的情调。"）

How soon hath Time, the subtle thief of youth, stolen on his wing my three and twentiethyear!（Milton,"sonner"）

（时间啊，这窃取青春的巧贼，竟这样迅速地用双翅带走了我的二十三岁！）

在汉语中，拟人法用得也很多。例如：

珠峰哟，你雄伟，你峻峭，

珠峰哟，你幸福，你自豪。（《珠峰石》）

拟人有如下特点：

1. 把非生物当作人来描写

The thirsty soil drank in the rain.

干渴的土壤吸吮雨水。

Wall has ears.

隔墙有耳。

2. 把动物当作人来描写

The lamb nodded as I came home.

回家时，小羊向我点头示意。

A hare laughed at a tortoise because he moved very slowly.

野兔嘲笑乌龟，因为他的行动很缓慢。

3. 把抽象概念当作人来描写

Truth never grows old.

真理长青不老。

Pride goes before a fall.

骄傲必败。

4. 把人当作动物描写

He is a bookworm.

他是个书呆子。

He is a wolfin sheep's clothing.

他是个披着羊皮的狼。

可见，无论是英语还是汉语，拟人手法都是常见的修辞格。在翻译的时候通常采用直译法，即按照字面意义进行翻译。这样一来，既保留了文章的意义，又使修辞手法得到保留，可谓意形结合。但是，很多的时候直译是远远不够的。要想达到意义上的对等，需要做些转换。转换源于两种语言拟人表达的不同。

按照邵志洪、邵惟蔪（2007）对拟人手法的分类方法，英汉拟人修辞均包含两种：词汇化拟人（lexicalized personification）和修辞性拟人（rhetorical personification）。

词汇化拟人指一些约定俗成进入辞书的用法，例如"the arms（ofa chair）""the legs（ofa table）""the head（ofa party）"。因而是约定俗成的、通俗易懂的。在汉语中，就有大量词汇化拟人表达法的存在，例如：山头、山顶、山巅、山腰、山脚；兄弟厂、姊妹作、子母弹、母校、母语、子公司等，一般是名词拟人。而在英语中，拟人最常见于英语动词系统，以 head 为例，head 既有同中文中类似的用法，表示"头"，亦可以作为动词，取其引申意义。具体如下所示：

His name heads the list.

他是名单上的第一名（头）。

head Off a quarrel.

阻止一场争吵（头掉下，引申为阻止、结束）

head for Tianjin。

朝天津驶去（头伸往，引申为朝向）。

The cabbages are heading up nicely.

长势很好（头直立，往上，引申为势头好）。

head down peach trees in the first year their growth,

桃树生长第一年时截去树梢（头落下，引申为截去），

不难发现，英语多动词化拟人，中文多名词化拟人；汉语多复合词，英语多单纯词。英语动词的拟人表达在汉语中基本无法对应，汉语对应的表达通常不用拟人。因而，在翻译此类表达的时候，以"迭意"为主，将"形似"置于次要的位置，甚至牺牲"形"的要求。

修辞性拟人指将拟人作为修辞格使用，属于修辞手法，多见于文学作品之中。修辞性翻译虽在汉英两种语言中颇为常见，但是鉴于英汉语法有别：英语语法显性，汉语隐性；句式不同：英语属于"主语突出型"语言，汉语属于"话题突出型"语言；以及英汉语言心理迥异：汉语注重主体性描述，英语兼顾主体性与客体性描述，倾向于客体性描述；在进行英汉翻译的时候，要特别注意转换，注意不同之处，选择合适表达，以得"意"而不忘"形"。特别是做好以下两种转换：

①显隐转换

He is the head of the team.

（他是队长。）

在这句话中，"head"本是拟人词汇，但是在翻译成中文的时候，直接采用"队长"替代"头"，将隐性的拟人表述转化成显性的意思传递。

②主语转换

His good temper often brought him many friends.

（他为人和善，因而朋友很多。）

《黄帝内经》的作者早在春秋战国时期就总结了当时的医学知识。

（In the Spring and Autumn Period, The Emperors Canon of Interior

Medicinesummanzed the then current medical knowledge.）

在第一句中，英文原句中的主语是"his temper"，主语为物，但是在翻译成中文后，主语摇身一变，成了人称，即人为主语。这主要考虑到中英文表达习惯上的不同。同样，在第二句中，原文中人为主语，而译文英语则以被动态表达，以物为主。由于英语是以综合型为主向分析型过渡的语言，有较丰富的形态和语法手段，所以英语中有很多倒置现象。汉语是分析型为主的语言，语序相对固定，很少有语序倒置现象，主谓倒装句也多出现于口语中。因此，将英语倒装句译成汉语时，一般采取正常语序（"主＋状＋谓＋宾"的结构），有时需根据具体情况加入一些象声词或副词（只、才、都、只要……就等等），增加句子的动感，例如：

1. Long live the People's Republic of China!

中华人民共和国万岁 1

2. Up went the rocket into the space in anlnstant.

顷刻间，"嗖"的一声，火箭飞向太空。（加入象声词）

3. So fast did she walk that none ofus was her equal.

她走路非常快，谁都赶不上她。

4. Only in this way can you succeed.

只有这样，才能成功。

5. Never in my life have I heard of such a strange thing!

我这辈子从来没有听到过这么离奇的事情！

（五）反语（Irony）

反语就是说反话，或是正话反说，或是反话正说。既可用恭维的言语暗含挖苦与讽刺，也可用抨击的语言示意保驾与解救。反语多数表示讽刺、嘲弄的意思，反语用得好，常比正面陈词更有力量。

英语中的反语就是说反话。例如：

What a noble illustration of the tender laws of his favored country!-They let the paupers go to sleep!

（他们竟允许穷人睡觉！——这是多么"高尚"的例证！多么"仁慈"的法律！多么"可爱"的国家！）

With shingle-shavings enough around to show what broke them down;a sow and a litterofpigs loafing along the sidewalk, doing a good business in watermelon rinds and seeds.

（周围满堆的削木瓦的刨花足以说明是什么活把他们累倒了；一只母猪带一窝猪崽儿在人行道上消磨时光，贪婪地啃食着西瓜皮和瓜子，做尽了好事。）

而在中文中，反语既可以是正话反说，如：

我那时真是聪明过分，总觉得他说话不大漂亮，非自己插嘴不可……哎，我现在

想想，那时真是太聪明了！（朱自清：《背影》）

（I was such a smart aleck that I frowned upon the way father was haggling and was on theverge of chipping in a few words...oh, when I come to think ofit,I can see how smarty l was inthose days！）

还可以是反话正说，表示人物之间的亲切感情。例如：

几个女人有点失望，也有些伤心，各人在心里骂着自己的狠心贼。

（Disappointed and rather upset, each woman was secretly laying the blame on herheartless brute of a husband.）

反语的翻译，最重要的一步在于理解。这就需要译者在翻译的过程中，通读全文，结合语境，理解字里行间的言外之意，在理解的基础之上准确达意。

（六）双关（Pun）

双关，是一个词语或句子兼有两种意思：一种是字面意思，另一种是言外之意。这种一箭双雕的词句，字面意思是次要的，言外之意是主要的。根据各种英语词典对双关的定义可以推断，英语双关的范畴不仅包括借助一个显性铰链激活两层或多层不同意义的双关，而且包括借助两个或多个显性铰链传递两层或多层不同意义的双关。国内学者认为，汉语双关的范畴主要包括借助一个显性铰链激活两层不同意义的双关，但也有少数汉语双关是借助一个显性铰链激活多层不同意义或者借助两个显性铰链传递两层不同意义。

1. 英语双关

英语双关，就是种修辞手法，表面上说的是这件事，实际上是指另一件事。它可以是同音异义（homonym），例如：

An ambassador is an honest man who lies abroad for the good of his country.

（大使为了本国的利益在国外多么忠诚地说谎！）

句中 lie 有两个意思，既可以理解为"住在"，又可以理解为"说谎"。

也可以是同音异形异义词（homophone），例如：

On the first day of this week he became very weak.

（这个星期他身体变得虚弱了。）

On Sunday they pray for you and on Monday they prey on you.

（星期日他们为你祈祷，星期一他们抢劫你。）

还可以是同形异音异义词（homograph），例如：

Finding tears on her coat,she burst into tears.

（发觉外衣破了，她放声大哭起来。）

2. 汉语双关

汉语双关语主要利用词语的多义或同音（或近音）条件构成，可分为语义双关和谐音双关两类。

语义双关是借用多义词来表达的，表面说的和所要表达的实际意思是两回事。例如：

周繁漪：这些年喝这种苦药，我大概是喝够了。（曹禺《雷雨》）

谐音双关，是利用同音（或近音）条件构成的双关。例如：

东边日出西边雨，道是无晴还有晴。

（The west is veiled in rain, the east enjoys sunshine. My gallant is as deep in love as dayis fme.）

或一词两义的构造的修辞手段。

另外汉语中还有许多用谐音表示的歇后语，例如：

外甥打灯笼——照舅（旧）

孔夫子搬家——净是书（输）

可见，双关语表现形式多种多样，意义内涵丰富多彩。有些双关语是中西共享的，可以找到对应的表达。例如：

"...Pale green does not suit you, especially green around the gills."

"……淡青色和你不相配，特别是脸色发青。"

green around the gills 是一个习语，意为（吓得）脸色发青。此处 green 的双关意思正好可以用汉语的双关语表达，且英语习语对应汉语的四字成语，堪称巧合。

而对于英汉两种语言来说，这种对应的双关语表达毕竟是少数，更多情况下，双关语在目标语中找不到对应的表达，译者只能部分翻译出双关语所承载的玄妙意义，并不能完全地复制原文双关语的全部含义，或在译文中表现原文的双关语修辞形式。在这种情况下，如果一味地去强调"忠实"原则，那么翻译就无从谈起。因而译者应该将视线放在达意之上。这样一来，就打开了双关语翻译的思路。

在对待文学作品的翻译上，译者可以通过增加注释来加以说明。

在对待影视作品的翻译上，加注显然失效，但是译者大可采用重写或改变的方法以保留双关语形成的幽默风格。例如：

Principal: Does any ofyou know martial art?

One teacher:I know Martial Schwartz.

译文一：校长：你们有谁懂得武术？

某教师：我认识马歇尔·施瓦茨。

译文二：校长：你们有谁懂得武术？

某教师：我懂得点巫术。

第一个译本，采用直译方法，尽管译出了基本信息，但是幽默效果全无；相反，第二个译本，虽然与原文在字词的平面上有小偏差，但是保留了原文幽默的基调。

再如：

"What flowers does everybody have?"

"Tulips."（Tulips=two lips）

"人人都有的花是什么花？"

直译："郁金香。"（郁金香的英文与双唇的发音相似）

改译："泪花。"（马红军译）

"What part ofthe fish weighs the most?"

"The scales."

"鱼身上哪部分最重？"

直译："鱼鳞。"（scale 既可解释"鱼鳞"，也做"秤"解）

改译："鱼舌头（石头）。"

可见，在双关语的翻译上，重要的是保留原文的修辞效果和文本完整，而不一定要保留原文双关语的形式和双关意思，不一定要在完全相同的文本位置上制造双关语，甚至可以改动上下文，以维持原文的效果，我们就可以想出各种处理双关语的办法，更灵活地翻译双关语，大大增加双关语的可译性。

第二节　英汉语用对比与翻译

人们在使用语言传递信息时，往往不限于话语本身的字面意义，而是注意在一定语境条件下的交际信息。语境不同，话语的含义往往不同，这种现象便是语用学研究的内容之一。本节首先从两个方面来进行英汉语用方面的对比，然后探讨语用的翻译问题。

一、英汉语用的对比

（一）英汉语用语言对比

所谓语用语言，研究的主要内容是语言形式和语用功能之间的关系。英汉两种语言中语义相同、结构相似的短语或句子在不同的语境下可能会有不同的解释。例如，of course 在英汉语言中的语义是相同的，并且在汉语中该短语不含有贬义，但在英语对话中有时该短语含有认为问话者愚昧无知的含义。下面来看两个例句。

A：Would you like something to eat?

你要吃点什么吗？

B：Of course.

怎么会不要呢？（of. 当然。）

A：Is there a party on Sunday evening?

星期日晚上有个晚会吗？

B：Of course.

怎么会没有呢？（of. 当然。）

虽然同一种语言行为可以用很多种语言形式来表达，但通常情况下这些语言形式是不可以相互替换的。也就是说，在一种语言中用来表达某一言语行为的常用策略在另一种语言中就不一定同样适用了。例如，在汉语中，人们去商店买东西常用"给我一个……"这样的祈使句，但在英语中则经常会用"Can I have…please?"这样的消极礼貌用语来表达。

另外，同一种言语行为在不同文化中使用的范围也是不同的。例如，说英语的人在表示要求别人做事时用的动词特别多，这些动词不仅所具有的特征不完全相同，而且所表示的说话双方之间的权利关系也不同，被要求的一方或许是受益者或许不是。

就目前而言，跨文化语用语言学研究的内容多是与"礼貌"密切相关的言语行为，如道歉、拒绝、恭维、请求等。通常而言，言语行为的研究主要包括如下几个方面的内容

（1）在不同文化中，同一种言语行为使用范围及频率的差异。

（2）不同文化对言语行为理解上的差异。

（3）不同文化在表达同一种言语行为时所使用的语言形式上的差异。

（4）不同文化中，能用于表达同一种言语行为的不同语言形式中最常用形式的差异。

（5）在表达某一种言语行为时，常常与之相配合使用的言语策略，如缓和语、敬语、礼貌语等方面的差异。

下面以否定句的语用功能为例来具体进行说明。

在英语中，如果一个命题本身是否定形式，即话语内容是（～P），那么再对这一命题进行否定就是"确认"（confirmation）。例如：

A：You are sure that I can't come with you.

B：（She shook her head.）

以上B没有用言语应答，但"摇头"这个身势语（body language）与No具有相同意义，即确认"I can't come with you."这个命题。再来看其他一些例子。

（1）A：She would not have believed it possible.

B：No，no，of course not.

（2）A：He would hardly be a friend of hers.

B：No，he wouldn't.

（3）A：He is not at all happy working here.

B：No.He isn't.

在例（3）中，B是确认"He is not at all happy working here."

而在汉语中，如果要"确认"一个命题（～P），往往直接用肯定方式来表达。例如：

（1）A：她今天没来上班。

B：是。她感冒了。

（2）A：这一带没有图书馆。

B：是的，没有。

在英语中，"否定"一个本身是否定的命题（～P），即"～（～P）"，此时两个否定相互抵消，意味着用肯定方式肯定相应的命题（P）。而在汉语中，如果要"否定"一个命题（～P），则往往直接用否定的方式来表达。例如：

（1）A：You've not changed much，Peter.

B：Yes，I have.I've changed enormously.

A：皮特，你没有变多少。

B：不，我变了。我变多了。

（2）A：You don't like Italy food?

B：Oh，yes.I do!I do like it very much!

A：你不喜欢意大利菜？

B：噢，不，我喜欢，我确实喜欢意大利菜。

由上可知，从语用的角度出发，当要"确认"一个否定命题的时候，英语通常用否定方式，而汉语往往用肯定方式；相反地，当"否认"一个否定的命题时，也就是说对这个否定的命题表示异议时，英语用肯定的方式来表达，而汉语用否定的方式来表达。

（二）英汉礼貌策略对比

1. 言语行为礼貌

言语行为是语用的基本单位，在不同的文化环境中，同一言语行为的语言兑现是存在差别的。下面对几种基本的交际言语行为进行简单的英汉对比分析。

（1）问候。问候（greeting）是当今社会中人们维系和保持人际关系的一种润滑剂或调节剂。文化背景不同，所使用的问候语也是不同的。

（2）称呼。称呼（addressing）是言语交际过程中的重要组成部分。因为言语交际所要表达的许多意义往往不是通过语句来传递，而是通过称呼来表达的。在许多情况下，称呼是开始交际的第一个信息。恰当的称呼是言语交际得以顺利进行的重要条件，不恰当的称呼则会使交际双方不快或使交际中断，甚至产生不良影响。例如，你的好友如果突然用尊称来称呼你，就会令你感到十分的"见外"，也显得很生分。

（3）致谢。致谢语是指当别人对自己有所帮助，自己为表示感谢而说的话。英汉语言中的致谢语在使用上存在着很大的不同。在西方国家，thank you 是挂在嘴边的话，几乎在任何场合、任何人际关系中都可以使用表示感谢的话，这是一种礼貌策略。与此不同的是，汉语中"谢谢"的使用频率没有那么频繁，是不能随处用的。

（4）答谢。一般而言，对方致谢之后，英语国家的人士通常会用这样的语句来回答。You're welcome.

不用谢。

Not at all.

别客气。

Don't mention it.

不用客气。

It's my pleasure.

很荣幸。

需要提及的一点是，英美国家在使用答谢语时也存在语言运用上的差异。英国人常用"Not at all."或"Don't mention it."或"It's my pleasure."来回答；美国人则常用"You're welcome."来回答。

汉语在回答致谢语时常用的表达有下列几种：

不用谢。

别客气。

没什么。

别这么说。

过奖了。

这是我应该做的。

综上可知，英语中表达答谢时比较直接，汉语则比较委婉。另外，汉语中"这是我应该做的"或者"这是我的职责"的话语，用英语来表达就是"That's what I should do."或"That's my duty."从语用学的角度进行分析，这两句英译的致谢语其含义就变成了"这不是我情愿的，只是责任而已"，英语国家的人听到这样的话会感到十分尴尬。这与汉语所表达的语用含义有所不同。因为在汉语中，职责范围内的事情不需要答谢，所以说话人说这句话是想表达："这是我的职责范围，不必客气。"这恰恰是汉语特有的答谢方式。

（5）称赞。称赞（complimenting）是一种对他人品质、能力、仪表等的褒奖言行，恰当的称赞可以鼓励他人、缓解矛盾、缓和人际关系等。美国人对 nice，good，beautiful，pretty，great 等形容词的使用比较多，最常用的动词有 like，love 等。美国人所用的称赞语中，下列句式出现的频率较高。

You look really good.

I real like it.

That's really a nice…

That's great!

对称赞的反应，英美人一般表示感谢，也就是正面接受称赞。不过并非全是接受，有时也有拒绝的情况出现。例如：

① A：That's a nice outfit.

B：What? Are you kidding?

② A：That's a nice watch.

B：It's all scratched up and I'm getting a new one.

需要说明的是，英美人拒绝称赞并非是因为谦虚，而只是出于观点不同的直接表达，并非像中国人那样明明同意对方的观点却故意否定对方的赞扬。

中国人与英美人不同，一般不会爽快地以迎合的方式去接受对方的称赞或恭维，而是习惯使用"自贬"的方式来对待他人的赞美，如有中国学者作国际性学术报告，报告本身很有学术价值并得到与会者的一致认可，但在结束报告时，报告人通常会说一些让外国人觉得毫无缘由的谦虚话。例如：

As my knowledge and research is still limited，there must have been lots of mistakes in my work.I hope you will correct me and give me guidance.

由于本人学识和研究有限，错误在所难免，恳请各位批评指正。

二、英汉语用的翻译

（一）直译——保持语词的文化内涵

语言反映了客观现象和事物，体现了主观世界的思维。英汉两种语言虽然不属于同一语系，但其语言使用者会有相似或相同的认知语境或经验和经历，因而语言的表达方式就会出现相同或相似之处，对于这种相同或相似的表达形式，译者在翻译时可以加以保留，即采用直译（1iteral translation）的方法。

另言之，直译是指在不违背目的语语言规范的前提下，保留原文的修辞特点、民族特色和地方特色，以使译文传达出与原文相似或相同的表达效果。直译是建立在对源语、原文作者、目的语和译文读者的认知环境有充分了解的基础上的一种翻译方法。因此，翻译人员要对翻译的二三元关系，即对原文作者、译者、目的语读者之间的关系有充分的了解，否则就可能造成交际的失败。

有的文化词，即使认知环境不同，但是仍然可以理解，在这种情况下直译能够完好无损地保留源语的语体形象和文化韵味，即语词的文化内涵。例如：

pie in the sky.

天上的馅饼。

上述例子中 pie in the sky 的说法源自美国作曲家乔·希尔在 1911 年所作的《传教士与奴隶》这首著名歌曲中。显然，汉语的普通读者对这一特殊的社会文化认知语境是无从知晓的，但这一表达方式与汉语中的"天上不会掉馅饼"的说法很接近，因此汉语读者很容易理解 pie in the sky 的说法是用以形容不可能实现的事情的，可以将其理解为暗喻"渺茫的希望""不能实现的空想""空头支票""虚幻的美景"。又如：

He was shanghaied to Africa before liberation.

新中国成立前他被拐骗到非洲。

在上述例句中，shanghai 这一词汇是由上海这个城市的读音传入英语中去的。其源自 19 世纪美国水手把开往中国的航行（实际上是开往上海）看作是险畏的旅途，谁也不愿意前往，于是船长和大副组织亲信来到酒吧，用酒或药将人灌醉劫持到船上，充当低级水手。当他们醒来，船已经航行了很远，只能身不由己到上海去。Shanghai 这一词语便有了动词义，用以表达"拐骗""威胁""使失去知觉"的含义。

英汉两种语言中的有些习语在语言表层，即用词、语义和句法上存在相似或相同之处，而且这些习语隐含的意义很容易被目的语读者所理解。另外，目的语读者与源语读者有着共同的生态文化的认知环境，如大自然的规律无论在世界哪个角落都是一样，翻译这类习语时宜采用直译的方法。例如：

If you run after two hares, you will catch neither.

同时追两兔，全都抓不住。

When the fox says he is a vegetarian it's time for the hen to look out.

狐狸表白吃素之日，该是母鸡提高警惕之时。

The cuckoo comes in April, and stays the month of May; sings a song at midsummer, and then goes away.

布谷鸟，四月到，五月在仲夏唱支歌，随后就离开。

New-born calves make little of tigers.

初生牛犊不怕虎。

需要注意的是，这种翻译策略并不局限于习语的翻译，直译也同样适用于严肃文学的比喻中。例如，在翻译毛泽东主席的论断"一切帝国主义反动派都是纸老虎"中的"纸老虎"一词时，由于"纸老虎"这个形象对于英语国家的读者来说是陌生的，出于这一考虑，翻译人员先是将"纸老虎"一词译成了 scarecrow（稻草人），然而这一译法遭到了毛泽东主席的否定，后翻译人员将其直译成 paper tiger，这一比喻十分形象，充分地传达了中文的原意和思想，得以在英语国家传播开来。因此，在源语的文化色彩与目的语读者的认知环境不冲突的情况下就可以采取直译策略，保留源语丰富的文化色彩。

（二）意译——语用含义的全面嵌入

由于不同民族都有其自身特殊的思维方式，因而不同语词的表达方式就会存在巨大差异。这就需要翻译人员译出源语表达方式在特定语境中隐含的语用含义，即将源语的语用含义用译语完整、准确地再现出来，这种方法就是大家通常所说的意译。而从语用学理论角度来看，这种翻译就是语用翻译（translating the pragmatic implicature of the original expression）。

下面举例对这一策略的应用进行说明。

"不折腾"这一词语出自胡锦涛总书记在庆祝改革开放 30 周年时的讲话："只要我们不动摇、不懈怠、不折腾，坚定不移地推进改革开放，坚定不移地走中国特色社会主义道路，就一定能够胜利实现这一宏伟蓝图和奋斗目标。"其中，对"不折腾"

一词的翻译引起翻译界的广泛关注。一时间互联网上出现了二三十种译法。

陆谷孙教授在 2009 年《南方周末》第 23 版中发表的文章《不折腾好！》对于"不折腾"一词给出了以下几种译文。

Don't tosS and turn as in bed.

别像在床上那样地辗转反侧。

No seesawing ／ wrangling over issues.

勿在争议问题上来回拉锯。

Up to no mischief. ／ No monkey business.

莫出花头经，或别捣蛋。

这一译法体现了胡锦涛主席对下面各级政府的要求。

No flip-flopping.

不要动辄"翻大饼"。

这一译法体现了底层老百姓的希望，表达了他们期望上面政策能够稳定。

陆教授的上述几个译文是以"不折腾"这三个字可能具有的语用含义为根据的，虽然这几种译法从某种角度来说是可行的，但是依然不是很贴切。研究员赵汀阳在 2009 年《南方周末》副刊第 29 版的文章中对陆谷孙教授的译法做出了回应，他套用莎士比亚的典故将"不折腾"译为：

Never make much ado about nothing.

不要无事生非，不要无事忙。

中国驻纳米比亚大使任小萍认为，"折腾"言外之意指"挫折是自找的"，她建议将"不折腾"译为：

to avoid self inflicted setbacks.

除了上面列举的译法之外，网络上还出现了很多译法。例如：

no dithering. 不踌躇。

no major changes. 没有重大变化。

no self-consuming political movements. 不搞自我消耗的政治运动。

no trouble making. 别捣乱，不要制造麻烦。

don't sway back and forth. 别反复。

don't mess things up. 不要瞎搞。

don't cause confusion. 不要制造混乱。

don't act capriciously. 不要变化无常。

don't act recklessly. 不要采取不计后果的行动。

avoid policy volatility. 避免政策多变。

avoid futile actions. 不做无用工。

stop making trouble and wasting time. 别制造麻烦、浪费时间。

由此可见，要想准确翻译"不折腾"一词，就有必要结合中国特有的社会文化语境，并分析胡锦涛总书记在这么重要讲话中使用这一词语的语用目的。在改革开放前的中国曾经历"以阶级斗争为纲""大跃进""文化大革命"等政治活动，国民经济遭到严重破坏，一落千丈，老百姓被"折腾"得很苦。十一届三中全会上邓小平提出实施改革开放政策，改革开放之后的这 30 年我国各方面取得的成效是举世瞩目的，胡锦涛总书记说"不折腾"，前面是"不动摇""不懈怠"，后面还有两个"坚定不移"，可见他的用意是"别走岔路，而是认定已经确定的道路一步步努力向目标靠近"，相比较来说，下面译文的语用效果与"不折腾"的语用效果相当。

Don't get sidetracked.

虽然译文没有了"折腾"这一形象，但其更符合原说话者的语用用意，做到了与源语的社交语用对等。有些情况下，在对说话者意图有了充分认识，对原文语境进行了透彻的分析后，为了实现语用等效译者可以适当增加形象。例如：

希望你今天好运！

I will cross my fingers for you today!

西方人通常用象征耶稣救世的十字架来祈福、避邪，但有时人们并没有随身携带十字架，说话者为了表达其语用含义只能把中指叠在食指上，两指交叉成 X 状，这样就有十字架的祈福、避邪功效了。现在人们往往使用 keep one's fingers crossed 或 cross one's fingers，来表达"好运"。译文采用了为英语读者所熟知的习语，将抽象概念具体化，表达地道，将源语的语用含义准确、生动地传达了出来。

（三）对译——弥补文化之间的差异

任何一种语言都有着丰富多彩的习语。由于认知环境存在差异，不同语言习语的比喻用法也就各不相同。但是，人类的思维方式在很多情况下是相通的，很多时候一种语言的习语能在另一种语言中找到与之相对应的表达形式，只是有时喻体不同，但其语用含义却是相同或相近的，这种情况下就可以采用对译的方法，即将源语的表达方式用译语相对应的表达形式译出，而不改变其文化内涵。例如：

to have the ball at one's feet. 胸有成竹。

上述例句中的英语原指一个足球运动员已经控制了球，随时可以射门得分，现用以传达"稳操胜券""大有成功的机会"的含义，这与汉语中的成语"胸有成竹"的含义相当吻合，因此可以将其译为"胸有成竹"。再如：

to shed crocodile tears. 猫哭老鼠。

to laugh off one's head. 笑掉牙齿。

to spend money like water. 挥金如土。

a drop in the ocean. 沧海一粟。

wait for gains without pains. 守株待兔。

需要引起注意的是，翻译人员在应用对译法时不能随心所欲，应尽量避免对文化差异的估计不足导致的误译，因为英汉语言中的一些习语虽然在字面意义上相互对应，但其实际隐含意义却相去甚远。例如：

说曹操，曹操就到。

Talk of the devil and he will appear.

在英语中，单词 devil 带有有贬义色彩，而在汉语中"曹操"一词并无贬义，如果按照上面这样对译，就不能很好地传递源语的文化内涵。

（四）移译——保留语词的文化外壳

所谓移译（transference），是指把源语的表达方式部分或全部地移入目的语中，也就是说译语中保留了源语的书写形式，即文化外壳。在现在的日常生活中这种翻译随处可见，如卡拉 OK、VCD、DVD、E-Mail、Internet 等。一般来说，这些词语属于社会语言学层面中的文化词，都具有强烈的时代气息。

从翻译的角度看，这种保留源语书写形式的文化传输虽然含有很大的文化信息量，而且具有浓郁的时代特征，但这种翻译从本质上来说并不是真正的翻译，只能当作是语词借用（以"外来词"形式出现）。然而，由于这种翻译在高度浓缩中，只保持了语词的文化外壳，摒弃了源语的完整语词表达形式或话语形式，从而实现了"翻译"的交际效用，体现了一定的语用策略。例如：

I'd like to have Jiaozi.

我喜欢吃饺子。

I practices Chinese Kongfu everyday.

我每天练习中国功夫。

随着国际社会、文化交流的日益频繁，不同民族将会享有越来越多的共同的认知环境，国际通用的名称和符号也会越来越多，移译凭借其简洁易行的优点将会得到越来越广泛的应用。

综上所述，要做好英汉语用方面的翻译，译者必须准确把握源语和目的语的文化信息，而不是简单地进行意义对等传输。不论是为了入乡随俗的归化，还是为了异国情调的异化；不论是技巧性地转换形象，还是创造性地增加形象，只要能符合原作者的意图和源语的语境，体现源语的语用效果，译者可以适当采用各种切实可行的语用策略。

第三节 英汉语义对比与翻译

根据《韦氏新世界词典》，词语的意义可分为两大类：所指意义／字面意义（denotation），内涵意义／隐含意义（connotation）。语言中的许多词语，往往既有所指意义，又有内涵意义；或者说，既有字面意义，又有隐含意义。从意义对应的角度看，英、汉两种语言的词语存在以下四种情况：①词义基本吻合；②词义并行；③词义冲突；④词义缺位。其中，前两种属于英汉语的共同点，后两种则属于两种语言的异质点。译者在翻译时一定要注意上述异同，只有这样才能做到准确理解与表达。

一、词义基本吻合

不容否认，英语和汉语词汇就词义而言存在一一对应现象，主要包括一些专有名词、专业术语，以及表达日常事务的词语等，例如：

1）the Tropic of Cancer 北回归线

2）general post office 邮政总局

3）octopus 章鱼

不过，总体来说，由于两种语言隶属于不同语言和文化体系，词义基本吻合现象不太常见。

所谓词义基本吻合，是指英汉语词语所指意义／字面意义与内涵意义／隐含意义基本一致。从词汇数量比例来说，词义基本吻合的词汇主要存在于实词。这是由于人类生活在同一物质世界，在面对相同客观世界时，自然会有相似的生活经验和认识，因此，不同民族在选词、用词上存在相近之处。

对于词义基本吻合的词，翻译时，以直译为主、意译为辅。以"心"与"heart"两词为例。这两个词在英汉两种语言中不仅有完全相同的科学定义，还有着许多语义相当的语言表达法，因此英汉互译时通常采用直译法。例如：

1）白菜心 the heart of Chinese cabbage

2）心毒 evil ／ wicked heart

3）善心的 kind—hearted

4）全心全意 heart and soul

5）心里有数 know very well in one's heart

6）心情愉快 have a light heart

7）灰心 to lose one's heart

8）放心 to give one's heart at ease

9）关心 to take to heart

10）伤心 to break one's heart

11）衷心的 heart—felt

12）黑心的 black—hearted

13）硬心肠的 hard—hearted

有时汉语"心"所携带的文化信息不能或不易为英语读者所接受，也可采用意译、直译＋意译或"套译法"。例如：

1）胆战心惊 be deeply alarmed（意译）

2）心猿意马 a heart like a capering monkey and a mind like a galloping horse—restless
（直译＋意译）

3）心直口快 wear" one's heart on one's sleeve（套译法）

二、词义并行

词义并行指的是英汉语中认同某一事物或概念，但表达方式不一样，这在单字以上的语言表达方式中尤其突出。在翻译中一般可以采用"套译法"，即用形式不同而喻义相同或相似的译文来取代原文。

1）一个和尚挑水吃，两个和尚抬水吃，三个和尚没水吃。One boy is a boy，two boys half boy，three boys no boy.

2）瘦得像猴子。as thin as a shadow.

3）穷得像叫花子。as poor as a church mouse.

4）水底捞月。fishing in the air.

5）画蛇添足。to put a fifth wheel to the coach.

6）过着牛马生活。to lead a dog's life.

7）沧海一粟。a drop in the ocean.

8）笑掉牙齿。to laugh off one's head.

9）猫哭老鼠。to shed crocodile tears.

10）挥金如土。to spend money like water.

11）乱七八糟。at sixes and sevens.

三、词义冲突

由于生活经验、文化传统不同，人们对一些客观事物的认识也就不同，对代表这些客观事物的语言也赋予不同的含义，这时就产生了词义上的冲突。例如，汉语中的"红"和英语中的"red"字面意义相同，内涵意义却大不相同：中国人往往用"红"象征"幸运""昌盛""幸福"、"红颜""红粉"喻指美丽的女子、"红楼"指闺房。英语中的"red"常表示"极端危险""紧急""愤怒"等，如"red light district"（红灯区）、"red alert"（紧急警报）、"see red"（发怒、冒火）。再如英语中"owl""old dog""west wind"同汉语中"猫头鹰""老狗""西风"等词语的隐含意义也大为不同。在西方文化中，"owl"比喻聪明、严肃，英语中有成语"as wise（or grave）as an owl"；在中国，猫头鹰尽管是益鸟，却是令人讨厌的角色，迷信的人更会说谁见了它谁就要倒霉。汉语里的"老狗"是相当厉害的骂人语，而英语中的"old dog"却指"老手"，表示"年事已高且经验丰富的人"，没有任何贬义。英国人受地域和文化的影响，很喜欢"west wind"，而西风在中国人的眼中是不好的风，常常用来比喻日趋没落的腐朽势力。

翻译这些貌合神离、看似相对应的"假朋友"，直译往往会导致误读或无法理解。例如，将 mountain lion 译为"山狮"，中国读者一定想不到 mountain lion 其实是美洲豹而非狮子；而"吹牛"也不能译成"talk bull"，要翻译为"talk horse"，否则西方人也许真的会以为讲话者说的是"谈论与牛相关的事情"。对于词义冲突的词，通常情况下采用直译或直译加注释都不能有效传递原语的内涵意义，因此不妨使用意译法或"套译法"来翻译。如当"红豆""鸳鸯"用来表达爱意时，可意译为"love bean""love bird"；"Every dog has its（his）day."最好也翻译为"凡人都有得意之日"。再如，在美国的大街上，如果碰到一辆深红色的或黑色的小汽车，上面喷着"I am yellow"一行字，恐怕只能将其意译成"这是出租车"；而如果一个人说"I am yellow"，也只能舍弃其字面意义，将其翻译为"我是一个胆小的人"。

当然，倘若译者期望译文能如原文一般生动、形象，"套译法"也是比较妥帖的选择。

例如，将"他有'气管炎'"译成"He is a hen.pecked man."［试比较：He suffers from tracheitis.（只译了字面意义，没有将"气管炎"怕老婆的隐含意义翻译出来，英语读者看不懂。）/ He is an obedient husband.（舍弃形象，直接翻出了内涵意义，但不够生动。）] 请再看其他例证：

1）Love me, love my dog. 爱屋及乌。

2）as stupid as a goose. 蠢猪。

3）老黄牛 .work like a horse.

4）像蜜蜂一样勤劳 .as industrious as all ant.

总之，对于那些假对应词语，一定要小心谨慎，翻译时勤查字典，努力提高语言基本功和语言水平，避免误译或不当翻译。

四、词义缺位

词义缺位就是两种语言相互缺乏对应词语。由于中西生活环境、生活经验存在差异，风俗习惯、宗教信仰、对客观世界认识有所不同，以及语言和非语言方面的因素，英汉语中词义缺位是一种普遍存在的现象。1例如，在中国比喻人勇猛用"虎口拔牙"一词，而英语则是"beard the lion"。中国有尊虎为百兽之王的传统，这主要是由于狮子并不产生于中国的缘故，故汉语中以虎称雄的词很多，如英雄虎胆、虎背熊腰。古时称勇士为"虎贲"，称勇将为"虎将"，称兵符为"虎符"。而西方并不产虎，英美人尊狮子为百兽之王，故有"beard the lion""majestic as a lion"（狮子般雄伟）表达法。

英汉语之间词义空缺比较普遍，给译者带来了较多困难，也是翻译研究的重点。遇到词义空缺时，译者一般可采用音译或音译＋直译／意译、直译或直译＋注释、意译等方法。

（一）音译或音译 + 直译／意译

音译法主要运用于人名、地名翻译上，介绍新概念时，一般也可采用音译。例如，通过音译方式英语中的汉语借词就超过千个，按其语音源流可分为 5 个方面：源于古中国语音，如 China（中国）、silk（丝绸）；源于汉语粤方言语音，如 typhoon（台风）；源于汉语闽方言语音，如 tea（茶）；源于汉语官话语音，如 kaoliang（高粱）、yangko（秧歌）；源于汉语普通话语音，如 dinghao（顶好）、putonghua（普通话）、tuhao（土豪）。汉语中成功的音译英语借词也不少，如幽默（humor）、浪漫（romance）、逻辑（logic）、马达（motor）、休克（shock）等。音译 + 直译或音译 + 意译也是解决词义缺位的好办法。优点是在尽可能保留原文语言文化特征的同时，又能使本国读者明了并接受原语语义；另外，在解决词义空缺之时，还常常为本国引进新的表达方式。例如：

1）Pandora's box 潘多拉盒子（音译 + 直译）
2）南柯一梦 Nanke dream（音译 + 直译）
3）beer 啤酒（音译 + 意译）
4）楚 Chu kingdom（音译 + 意译）

（二）直译或直译加注释

通常，原语所携带的文化信息能为译语读者所接受，一般采用直译。直译不仅可以传递原语所携带的全部文化信息，还可以丰富译语及其文化。例如，汉语中许多词语都来自英语，如摊牌（to show one's cards）、蓝图（blue print）、黑市（black market）、智囊团（brain trust）、死硬派（die—hard）、象牙塔（tower of ivory）、黄金时代（golden age）等。因为直译比音译在处理词义缺位时更为妥帖，一般认为，负责任的译者遇到词义缺位情况时，应当首选直译。不过，对于词义缺位的词，如果硬性直译，有时也会使读者感到茫然，对于这类词，可以使用直译加注释的方法，即通过附加注释使读者了解原语的内涵。以 "The study had a Spartan look" 一句翻译为例。如果直译这句话 "这间书房有斯巴达的景象"，中国读者因不知其中的典故，完全不明白句子表达的是什么。但如果意译成 "这间书房有一种简朴的景象" 则完全丧失了原语的文化内涵。不妨采用直译加注释的方法，翻译为 "这间书房有一种斯巴达的景象（注：斯巴达人以简朴著称）"。这样读者不仅明白了词语的意义，更增长了知识，也增进了中西文化交流。下面译例也是如此：child's play（小儿科、易如反掌）；班门弄斧（showing off one's proficiency with the axe before Lu Ban, the master carpenter）。

（三）意译

意译实际上是处理词义空缺时迫不得已的一种选择。也就是说，如果所有的方式都不大适合翻译语言，便可以采用意译，以便达到双语交流的目的。

Cherry was born、vitll a silver spoon in her mouth；therefore，she thinks that she can do what she likes.

雪莉出身于富贵之家，认为凡事都可以随心所欲。

If you come to my hometown，I'll volunteer to be your guide.

如果你到我的家乡来玩儿，我可以毛遂自荐给你做导游。

词汇是最基本的语言材料，英语和汉语都有丰富的词汇量。如何在翻译的过程中解决语义的相关问题，实际上直接影响着译文的质量。以上例子说明，词义的吻合、并行、缺位、冲突是人们的不同生产经验和文化传统在语言上的自然反映。若要使词义正确、顺达地在不同语言间传递，恰当的翻译方法不可或缺。

第四章　英汉数字、色彩、亲属称谓文化对比与翻译

无论是数字还是色彩，在人类语言的使用中都扮演着重要的角色。数字与色彩的使用不分种族与国界，但是由于各民族与各国间文化的不同，它们在长期使用中形成了很多各异的文化内涵。这里就首先对英汉数字、色彩文化及亲属称谓进行对比，然后探讨相应的翻译问题。

第一节　英汉数字文化对比与翻译

一、英汉数字文化对比

（一）英汉数字习语结构对比

数字习语包括数字语素（N）与其他语素（M）两部分。这里以数字个数和位置为依据，分别介绍英汉数字习语的结构类型。

1. 英语数字习语的结构类型

结合英语数字习语本身的结构特点，其结构可分为以下几种情况：

（1）包含两个数字的习语，中间以连词连接，但也有大于两个数字的，其模式可大致归纳为 E=N1+and ／ or 4-N2。例如，six and half a dozen（半斤八两），four and one（星期五）等。

（2）和第一种情况类似，同样含有两个数字，但中间由介词来连接，其模式可大致归纳为 E=N1 +P+N2。例如，one in thousand（万里挑一），ten to one（十有八九）等。

（3）动词和数字组合成的习语，其模式为 E=V+N。例如，strike twelve（获得最大成功），go fifty（平分）等。

（4）修饰词或限定词构成的数字习语，其模式可大致归纳为 E=M ／ D+N，这类习语一般只含有一个数字。例如，a fast one（诡计），a deep six（海葬）等。

（5）介词之后接数字的情况，其模式可大致归纳为 E=P+N1+N2。例如，by twos and threes（三三两两地），to the nines（完美地）等。

2. 汉语数字习语的结构类型

通常而言，汉语数字习语多含 0~9 以及十、百、千、万这几个数字。根据数字出现的频率，有以下五种类型：

（1）含一个数字的数字习语有以下三种模式，这类数字习语数量最多。

第一，C1（1）=N1+M1+M2+M3 4-M4……，如八面来风、一言以蔽之等。

第二，C2（2）=M1 +M2+N1+M3，如目空一切、莫衷一是等。

第三，C1（3）=M1 +M2 +M3 +N1，如忠贞不二、表里如一等。

（2）含两个数字的数字习语有以下三种模式：

第一，C2（1）=N1+M1+N2+M2，这种数字习语很常见，其中的 N1 和 N2 可以相同，如百依百顺等；也可以不同，如四面八方等。

第二，C2（2）=M1+N1+M2+N2，这种数字习语经常能够见到，如横七竖八、朝三暮四等。

第三，C2（3）=M1+M2+N1+N2，这种模式的数字习语有气象万千、略知一二等。

（3）含三个数字的数字习语模式 C3=N1+N1+M1+N2。例如，九九归一等。

（4）含四个数字的数字习语有以下两种模式：

第一，C4（1）=N1+N1+N2-t-N2。例如，千千万万、三三两两等。

第二，C4（2）=N1+N2+N1+N3。例如，一五一十等。

（5）含五个数字的数字习语可归纳为以下公式：C5=M1+M2+N1+N2+N3+N4+N5 或者 N1+N2+N3+N4 斗 N5+M1。例如，九九八十一难、不管三七二十一等，这种类型的数字习语较为罕见。

（二）英汉数字宗教渊源对比

1. 英语数字的宗教渊源

通过第六章的介绍可知，在西方宗教具有极大的影响力，对西方人们的生活、工作等各个方面都有重要影响。语言也不例外，语言中的数字受宗教的影响很深。可以说，宗教与西方的数字使用有着深厚的历史渊源。

西方国家人们多以英语为母语，且多信奉基督教，而《圣经》作为基督教的经典，在西方社会中具有举足轻重的作用。《圣经》不仅仅是一部关于西方宗教的史书，还是一部关于西方社会的经典。西方人对于数字的喜好在很大程度上受基督教的影响。基督教中的经典——《圣经》就与英语数字的使用休戚相关。基督教往往认为上帝是由三个互相独立的神构成的，即圣父、圣子、圣灵。因此在西方 three 就是一个吉祥的数字。人们往往把事物存在的量或其发展过程一分为三，以示吉利。又如，由于上帝正好花了七天时间创造世界万物，因此"七天"表示一周，变成了世界通用的计时方法之一。

2.汉语数字的宗教渊源

在中国，数字的使用同样受佛家、道教等主要宗教的影响。

首先，数字的使用受道教文化的影响较多。道教的创始人是老子，老子在道教的经典著作《道德经》中曾写道："道生一，一生二，二生三，三生万物……周而复始，生生不息。"根据老子在《道德经》中的看法，世间万物皆源于五行。世间的事件都蕴含着五行相克的哲学思想。因此，人们认为数字"一"象征着"整体""团结""开始""完美"。道教思想还认为数字"九"是五行中最大的阳数，代表着"天"，因此人们认为数字"九"是非常吉祥的数字。

其次，中国数字的使用也在一定程度上受到了佛教思想的影响。例如，"三生有幸"中的"三生"指的就是佛教里的前生、今生和后世。又如，"道高一尺，魔高一丈"也反映了佛教对数字使用的影响。

（三）英汉数字文化内涵对比

1.英汉基本数字的文化内涵比较

（1）英语数字 one 与汉语数字"一"

在英语中，与 one 有关的习语有很多。例如：

quick one. 干一杯。

for one. 举例来说。

one and all. 大家，所有的人。

one for the road. 最后一杯。

rolled up into one. 集……于一身。

on the one hand. 一方面。

looking out for number. 谋求自身的利益。

taking care of number one. 为自己的利益打算。

one in a million. 百万中挑一。

one of those days. 一段倒霉的日子。

one of those things. 命中注定的事。

one good turn deserves another. 一报还一报，善有善报。

number would have been up. 节数就要尽了。

one lie makes for many. 说一谎需百谎圆。

在汉语中，数字"一"是所有数字的第一个，人们将"一"视为万数之首。这种思想在道教及佛教中都可以找到其渊源。从古至今，中华民族经历了数次分分合合，从一次次的分裂走向一次次的联合，每一次联合不仅意味着一种力量的重聚，更意味着人们逐渐增强的团结心和意志力。

在现代社会，"一"的思想在人们的生活中具有重要表现。汉语中由"一"构成的习语数量很多。例如，一了百了、一往无前、一心一意、一叶知秋、一本万利、一如既往等。再如：

一失足成千古恨。

一唱雄鸡天下白。

救人一命，胜造七级浮屠。

一年之计在于春，一天之计在于晨。

（2）英语数字 two 与汉语数字"二"

在英语文化中，每年第二个月的第二天对于冥王（Pluto）而言十分重要，因而 two 很多时候并不是一个吉祥的数字。总体来说，英语中 two 具有褒义和贬义两重色彩。例如：

two can play at the game. 这一套你会我也会。

two of a trade never agree. 同行是冤家。

two's company，three's none. 两人成伴，三人不欢。

it takes two to tango. 有关双方都有责任。

two wrongs don't make a right. 不能用别人的错误来掩盖自己的错误。

be of two minds. 三心二意。

put two and two together. 综合起来推断。

in two shakes of a lamb's tail（as quickly as possible）. 马上。

be in two minds about something. 决定不了。

stick two fingers up at somebody. 指对某人很生气，或不尊重某人、某事。

There are no tWO ways about it. 别无选择／毫无疑问的。

在汉语中，数字"二"为偶数之首，受道教和佛教的影响，中国人自古就喜欢偶数，人们认为偶数是一种圆满的象征。偶数虽然受到中国人的喜爱，但是数字"二"在汉语中的使用却不多见，数字"二"多以其他形式出现，如"两""双"等。例如，成双成对、两面三刀、两全其美、两情相悦、两小无猜、两袖清风等。

（3）英语数字 three 与汉语数字"三"

在英语数字文化中，three 占有重要地位，西方人将 three 当作"完整"的象征，three 在英语中可以表达"起始、中间和结果"之意。西方人对 three 的看法与汉语中"三生万物"的观点具有一定相似性。西方人认为世界由三个物质构成，即大地、海洋和天空（earth，sea and air）；人体具有三重性，即肉体、心灵、精神。英语中关于 three 的习语有很多。例如：

three-ring circus. 热闹非凡。

three score and ten. 古稀之年。

three in one. 三位一体。

the three R's. 读、写、算基本三会。

a three—cornered fight. 三角竞争（有三个角逐者参加）。

three times three. 连续三次三欢呼。

three sheets in the wind. 飘飘欲仙。

three sheets in the wind. 酩酊大醉。

three score and ten. 一辈子。

give three cheers for. 为……欢呼三声。

three Magi. 向初生基督朝圣的东方三大博士。

When three know it，all know it.

三人知，天下晓。

All good things go by threes.

一切好事以三为标准。

This is the third time：1 hope good luck lies in odd numbers.

这是第三次，我希望好运气在单数。

The third time's the charm.

第三次准灵。

A wicked woman and an evil is three halfpence worse than the evil.

一个坏老婆和一件坏事情比坏事情还要坏。

Three's a crowd.

两人想在一起时，第三者就显得碍事。

He that was born under a three half-penny planet，shall never be worth two pence.

出生在三个半便士财运行星之下的人，绝不值两个便士。

与英语中 three 的重要地位一样，汉语中的数字"三"在中国文化中也具有悠久的历史，备受推崇。在中国传统文化中，"三"一直是一个极具代表性的数字，老子认为"三生万物"。在中华文化中，"三分法"原则在很多方面都有体现。例如，道教中的三清指"玉清、太清、上清"；三灵为"天、地、人"；古代三纲五常中的三纲指"君臣、父子、夫妇"。汉语中有关"三"的习语数量也很多，涉及很多领域，且含义褒贬不一。例如，三令五申、三思而行、举一反三、三顾茅庐、三户亡秦、狡兔三窟等成语。此外，还有很多和"三"相关的习语。例如：

三年橡材六年柱，九年变成栋梁树

一二不过三

冰冻三尺非一日之寒

无事不登三宝殿

三脚踹不出个屁来

不孝有三，无后为大

三更半夜出世——害死人（亥时人）

三个鼻孔——多股子气

三个指头捉田螺——稳拿了

三张纸画个驴头——好大的脸

三间屋里两头住——谁还不知道谁

三九天种小麦——不是时候

三九天穿单褂——抖起来

三人两根胡子——须少

三伏天的太阳——人人害怕

（4）英语数字 four 与汉语数字"四"

英语中的 four 这一数字在历史上具有很多含义，但是其最基本的含义一般为物质世界的要素表达。例如：

the four corner of the earth. 四个角落。

the four freedoms：freedom of speech，freedom of warship，freedom of want，freedom of fear 四大自由：言论自由、信仰自由、不虞匮乏的自由、免于恐惧的自由。在汉语中，"四"的读音为／si／，而"死"的读音也为／si／，因此中国人认为数字"四"代表着不吉祥，对于与"四"相关的事物总是避而不及。人们对于"四"的厌恶表现在生活的各个方面，在买车、住房甚至选择手机号码时都会尽量选择与"四"无关的数字。

实际上，中国古人对于"四"不像现代人那样厌恶。相反，在中国传统文化中，"四"具有的都是积极意义。例如，在道教中"道、天、帝、王"为四大；而佛教中则认为物质的四大元素为"水、土、火、风"；儒家以"孝、悌、忠、信"为四德。除此之外，汉语在自然界及方位的表达中都经常使用"四"。在汉语中，"四"还是一个平稳的数，如四条腿的桌子、椅子具有很高的平稳性，即"四平八稳"。然而，在俗语中，数字"四"与"三"一起时则通常表示贬义。例如，说三道四、七个铜钱放两处——不三不四等。

（5）英语数字 five 与汉语数字"五"

西方人认为 five 是不吉祥的，因此英语中 five 的构词能力远不及其他数字那么多。但有一点需要注意的是，与 five 有关的星期五 Friday 在英语中却有很多用法和意义，这主要基于宗教原因。西方人多信仰基督教，耶稣在星期五被罗马统治者钉死在十字架上，因此人们认为星期五是耶稣的受难日。英语中关于 Friday 的习语也有很多。例如：

Friday face 神色不佳之人

Pal Friday 极受信赖的女秘书

Girl Friday 得力助手（尤指女秘书）

Man Friday 男忠仆

Good Friday 耶稣受难日，复活节前的星期五

汉语数字"五"在中国的文化传统中占有重要地位，具有深远影响。中国古代，以"金、木、水、火、土"为自然界的五大元素，称为"五行"。"五行"相克相存，即五行之中，金克木，土克水，水克火，火克金；金生水，水生木、木生火，火生土，

土生金。数字"五"在一至九中居正中间，"五"为奇数和阳数。五行相克体现了汉民族的一种价值观，这是一种辩证思维的体现。五行学说对我国的哲学具有一定的影响。汉语中与"五"相关的说法有很多。例如：

五德：温、良、恭、俭、让

五谷：黍、稷、麦、菽、稻

五味：酸、甜、苦、辣、咸

五色：青、赤、白、黑、黄

五音：宫、商、角、徵（zhi）、羽

五度：分、寸、尺、丈、引

五服：斩衰、齐衰、大功、小功、绍麻

五经：《周易》《尚书》《诗经》《礼记》《春秋》

五官：耳、眉、眼、鼻、口

五脏：心、肝、脾、肺、肾

五刃：刀、剑、矛、戟、矢

五毒：蛇、蜈蚣、蝎子、壁虎、蟾蜍

除此之外，数字"五"常与其他数字并用，如三五成群、五湖四海、三皇五帝、五花八门等。数字"五"的意义一般为褒义，但是也有人因为数字"五"与"无""乌"的发音相似，因此开始讨厌数字"五"。

其实，对于数字"五"的厌恶在古代早已有之。古汉语中的一句谚语就是很好的佐证："善正月，恶五月"。自周代以来，民间一直就有"五月五日生子不举"的说法，因此"五月五日"也就成为禁忌日期。随着时代的进步，人们对于数字"五"的禁忌也在逐渐减少。

（6）英语数字 six 与汉语数字"六"

英语国家的人们对于数字 six 往往避之不及，认为任何与 six 有关的数字都有不祥的寓意。例如，"666"在基督教文化中是撒旦的代名词；耶稣受难的 Friday 的字母数之和为 six；肯尼迪被暗杀的日子为 11 月 22 日，这几个日期的数字之和正好为 six。由此可见，six 在英语文化中具有贬义的内涵。这一点从以下习语中也能体现。

six penny. 不值钱的。

six of best. 一顿毒打。

six and two three. 不相上下。

hit for six. 彻底打败，完全击败。

at sixes and sevens. 乱七八糟；糊涂的；迷茫的。

six of one and half a dozen of the other. 半斤八两；两者没什么不同。

six to one. 六对一（表示很有把握），十有八九；相差悬殊。

six of the best. 以藤鞭击六下（学校的一种惩罚手段）。

the six-foot way. 铁路（两条铁轨之间的距离 six-foot）。

与英语中的 six 不同，汉语中数字"六"则具有很多积极和谐的寓意，有很多关于"六"的习语。例如，六六大顺、六六双全、六合之内、六和同风等。俗语中有"眼观六路、耳听八方"，"六路"即六合，指前、后、左、右、上、下，或天地四方。《周礼》中有"六仪"，指古代的六种礼节。

纳采：男家请媒人去女家提亲。

问名：男家请媒人问女方的名字与出生年月。

纳吉：男家卜得吉兆后，备礼通知女家，决定缔结姻缘。

纳征：亦称"纳币"，即男家以聘礼送给女家。女方一接受聘礼，婚姻即告成立。

请期：男方择定婚期，备礼告女家，求其同意。

亲迎：新郎去女家迎娶。

再看下面说法。：

六亲：父、母、妻、子、兄、弟

六行：孝、友、睦、姻、任、恤

六神：日、月、雷、风、山、泽

六畜：牛、羊、马、鸡、狗、猪

六欲：色欲、形貌欲、威仪姿态欲、言语音声欲、细滑欲、人相欲

人们在日常生活中对"六"也很喜爱，在农村人们喜欢在农历的初六、十六、二十六等举行婚礼。中国人对于数字"六"的喜欢在很多方面都有体现，如人们在选择自己的手机号码甚至车牌号时，对于尾号及其中带有数字"六"特别青睐。人们希望用这些号码为自己讨一个好运，希望自己能够一切顺利。

（7）英语数字 seven 与汉语数字"七"

在西方文化中，seven 的文化内涵很丰富。在西方文化中，人们讲究七种美德，并认为人生有七个时期，规定了七宗罪。同时，英语中的 seven 与 heaven，无论从拼写还是到读音都很接近，因此备受英美人士的喜爱。例如：

in one's seventh heaven 在无限幸福和快乐中

the seventh son of a seventh son 第七个孩子生的第七个孩子（天赋异秉的后代；极为显要的后代）

在早期的基督教文化中，seven 还是圣灵馈赠的礼物的数量，是耶稣谈及十字架的次数。圣母玛丽亚有七喜和七悲；上帝用七天的时间创造了世间万物，因而世人以七天为一周；耶稣说他可以原谅世人七乘七十次；主祷文分为七个部分。在圣经中也有很多和 seven 相关的表达。例如：

Seven Champions 基督教的"七守护神"

Seven—Hill City "罗马"的别称

Seven Sages 希腊的"七贤"

seven seas "世界"的代称

seventh heaven 上帝和天使居住的"天国"；人类向往的极乐世界

根据毕达哥拉斯学派的说法，seven 是个吉祥的数字。古时候，西方人就将日、月、金星、木星、水星、火星、土星七个天体与神联系起来，对西方和世界文化具有重要影响。

除此之外，英国许多人认为人的身心状况每七年会有一次重大变化，孩子七岁时思想性格会发生很大的改变，同时有"七岁看老"之说。

在汉语文化中，数字"七"通常被视为神秘的数字，其文化内涵也十分丰富。"七"常和时间、祸福等大事有关。例如，《黄帝内经》中记载："七月乳牙生，七岁恒牙长，十四（七的二倍）初潮来，四十九（七的平方）丧失生育能力。""七"还被视为女子生命周期各个阶段的标志。在中国民间丧葬祭祀风俗中，人死后七天称为"头七"，此后七天一祭，祭完七七四十九天即是"断七"。

在汉语文化中，"七"还经常与"八"连用。例如，七零八落、七拼八凑、乱七八糟、七手八脚，这些说法多含贬义，比喻杂乱、无序。

此外，关于七的神秘说法还有很多，如天有"七星"，人有"七窍"，神话有"七仙女""七夕节"，古诗有"七律""七言""七绝"等。

（8）英语数字 eight 与汉语数字"八"

西方人对数字八有一种流行的解释，认为 eight 像两个戒指上下靠在一起，竖立代表幸福，横倒是无穷大的符号，两者融合为"幸福绵绵无穷尽"之意。

在《圣经·马太福音》中，eight 是个福音数字。其中记载了耶稣曾经在给弟子布道时谈及的八件幸事，继创世六日及安息日而来的第八日，象征复活，它宣告未来永恒时代的到来。同时，eight 还意味着幸运之意，在上帝惩罚人类的大洪水中，只有八个人靠诺亚方舟（Noah's ark）逃生。

但是，在弹子迷中 eight 是个不吉利的数字。此游戏中的 8 号黑球通常是一个危险的球，如英语中 behind the eight ball 表示处于困境或不利地位。

在汉语文化中，"八"是一个非常受欢迎的数字，因为它与"发"（财）谐音，而后者代表着财富、美好和富足。不管是门牌号、房间号、手机号还是日期等，只要其中含有"八"都会被人们看作是大吉大利的。例如，"518"因与"我要发"谐音而成了众多商家竞相争夺的电话号码、车牌号码、手机号码等。日期中凡是月份数或具体日数中含有"八"的无一例外被大家看作绝佳的良辰吉日。此外，"八"字还常用于给事物命名。例如：食品名称有"八宝粥""八珍"；方位名词有"八方"；家具名有"八仙桌"；占卜中有"八卦"的说法；阵形有"八卦阵"；文章有"八股文"；军队名有"八旗"。

（9）英语数字 nine 与汉语数字"九"

在西方文化中，nine 是个神秘的数字，根据毕达哥拉斯学派的观点，"3"代表三位一体，3 个"3"则可构成一个完美的复数，因而 nine 的文化内涵也很丰富。在传统的西方文化中，nine 通常表示愉快、完美、长久、众多等。例如：

be dressed up to the runes 打扮得很华丽

on cloud nine 得意扬扬；心情非常舒畅

crackup（flatter ／ honor ／ praise）to the nine 十全十美

a stitch in time saves nine 一针及时省九针；及时处理事半功倍

A cat has nine lives. 猫有九条命。

在西方神话传说和宗教仪式中，nine 出现的频率也很高。例如，天有九重，地狱分九层。再如，北欧神话里的奥丁神在大桉树上吊了九天九夜为人类赢得了神秘古字的奥秘，诺亚方舟在洪水中漂流了九天才到达亚拉腊山顶。

然而，历史上的盎格鲁-撒克逊人却将 nine 视为不吉利的数字，常用它来治病、占卜或驱除魔法。

在汉语文化中，数字"九"通常被视为"天数"。"九"和"久"谐音，因此封建帝王常借用"九"来预示统治的万世不变、地久天长。最为典型的要数故宫的建筑，其中有九千九百九十九间，三个大殿内设有九龙宝座，宫门有九重，宫殿和大小城门上金黄色的门钉都是横九排、竖九排，共计九九八十一个。故宫内宫殿的台阶也都是九级或九的倍数。天坛是皇帝祭天的场所，其圆丘、栏杆以及圆丘上的石块数目也都是九或九的倍数。在民俗文化中，"九"也被视为吉利的数字。例如，农历九月九日，两九相重，都是阳数，因此称为"重阳"。

此外，中国传统文化中常将最高、最古、最多、最远、最深、最大的事物以"九"冠名。例如，一言九鼎、九霄云外、数九寒天、九五之尊、九死一生、三教九流、九州四海等。

（10）英语数字 ten 与汉语数字"十"

在西方文化中，ten 更多倾向于褒义色彩。根据毕达哥拉斯学派的观点，ten 是头四个自然数之和（1＋2＋3＋4=10），代表全体和完美。它是前九个数字朝一的回复，预示着万物起源于它，也将回归于它。英语中也有一些和 ten 相关的词汇。例如：

ten to one 十之八九

the upper ten 社会精英

feel ten feet high 趾高气扬

在中国文化中，"十"也是个吉祥的数字，备受人们的喜爱。

早在东汉时期，经学家、文字学家许慎在《说文解字》中就将"十"的笔画进行了分解，"横为东西，竖为南北，则四方中央备矣"。"十"也常被视为完美的象征，有很多和"十"相关的词语。例如，十全十美、十分、十足、十拿九稳等。

（11）英语数字 thirteen 与汉语数字"十三"

在英语文化中，thirteen 是个令人恐惧不安、具有文化禁忌的数字，通常象征"倒霉，不吉利"。这种文化内涵有很深的历史渊源。在西方的中古时代，绞台有 13 个台阶，绞环有 13 个绳圈，刽子手薪金是 13 个钱币。直到如今，高层建筑隐去第 13 层编号；剧场、飞机航班、火车等都无第 13 排座，公共汽车没有 13 路，甚至一些书籍都没有第 13 章。可见，西方人对 thirteen 的禁忌心理很严重，因此产生了很多和 thirteen 相关的表述。例如：

the thirteen superstition 13 的迷信

unlucky thirteen 不吉利的 13

在《圣经》文化中，关于 thirteen 也有很多说法。例如，夏娃与亚当偷吃禁果之日是在 13 日；在最后的晚餐上，出卖耶稣的犹大（Judas）是餐桌上的第 13 个人。同时，耶稣受难日的星期五又正好是 13 日。因而，西方人也大都认为 13 号诸事不宜，否则容易倒霉。在日常生活中，西方人对数字 13 的回避就像中国人回避 4 的心理一样。

从整体上来说，汉语中的数字"十三"不像英语中的 thirteen 那样具有文化凶义，有时甚至还具有积极的文化内涵。例如：

明朝皇帝的陵墓有十三座，被统称"十三陵"；清代京腔有"十三绝"。

北方戏曲的押韵都定为"十三辙"；儒家的经典为《十三经》。

清末小说家文康的《儿女英雄传》中有侠女"十三妹"。

北京同仁堂药店有十三种最有名的中成药，号称"十三太保"。

中国古建筑塔多为十三层；中国佛教宗派为十三宗；行政十三级及其以上者为"高干"等。

2. 英汉基数词与序数词的文化内涵比较

在英汉两种语言中，存在着很多有关基数词和序数词的习语表达，它们在数量和文化内涵层面也存在着诸多差异。

（1）英语基数词和序数词构成的习语数量很多，其中序数词构成的习语占总量的 42%，英语 1～20 之间的数字中，只有 thirteen, fourteen, sixteen, seventeen 四个数字没有基数词的习语，其他主要集中在前面的七个数字之中，即 one, two, three, four, five, six, seven。例如：

one and only 唯一

be at one 意见一致

on all fours 匍匐着

one or two 一两个

take fives 休息一会

seventy times seven 很大的数目

at sixes and sevens 乱七八糟、杂乱无章

英语中的序数词构成的习语集中在 first, second, third, fifth 这四个数字上。例如：

take the Fifth 拒绝回答

second birth 精神上重生

first and last 总而言之

the third degree 刑讯，逼供

（2）汉语中的数字习语主要由基数词构成，序数词组成的习语很少。例如，一蹶不振、一知半解、一言一行、一时半刻、一鳞半爪等。

二、英汉数字文化翻译

（一）保留数字直译法

运用保留数字的直译策略翻译英汉数字习语，不仅有利于保留数字的文化意象，而且能在很大程度上弥补汉语数字习语典故在英语中的语义空缺的情况，使译文更加通俗易懂。例如：

七嘴八舌 with seven mouths and eight tongues

十年树木，百年树人。

It takes ten years to grow trees，but a hundred years to rear people.

（二）保留数字套用法

保留数字套用法是利用人类思维认知的共通性，将汉语中一小部分习语套用英语中和其相同的部分。这种翻译方法有以下两种情况。

（1）数字的大小可能会发生改变。例如：

半斤八两 six of one and half of a dozen

一个巴掌拍不响。

It takes two to make a quarrel.

（2）套用还可以完全摒弃数字的文化意象，采用译入语中固有的表达来译。例如：

五十步笑百步。

The pot calling the kettle black.

不管三七二十一。

Throwing cautions to the wind.

结合以上两种情况，对习语中数字是保留还是替换，译者应根据具体的情境和译入语语境。

（三）通俗共用翻译法

通俗共用的翻译策略主要是对英汉数字习语中内容和形式相近的同义数字而言的。这种翻译方法不仅能尽可能地传达原作内容、形式与色彩上的风格，还可以迎合译语在这些方面的风姿，进而达到通俗共用的效果。例如：

in twos and threes 三三两两

kill two birds with one stone 一举两得

（四）舍弃数字意译法

舍弃数字意译法是指保留数字习语所表达的意义，可适当摆脱形式的限制。这种翻译方法在很多情况下都适用，但可能会丢弃原文形象的表达。例如：

过五关斩六将 to experience many hardships

你在工商界威望很高，关系又多，真是四通八达。

Your standing is very high in the world of business and you

are plenty of contacts.Really，you are very well connected.

本例中"四通八达"本义是指通畅无阻、交通便利，四面八方都通达。但此处是夸张的说法，旨在表达一个人的人脉好，关系网密，运用舍弃数字意译法能够很好地传情达意，也有利于英语读者把握原文真正的意思。

第二节 英汉色彩文化对比与翻译

一、英汉色彩文化对比

（一）英语 white 与汉语"白"

1. 英语中的 white

西方文化中，white 的文化内涵非常丰富，主要表现在以下几个方面。

（1）象征纯洁、清白、光明等。英语国家在婚礼上会穿白色的婚纱，以示新娘的纯洁无瑕。此外，white 还象征爱情的忠贞不移，如 white rose of innocence ╱ virginity。

（2）象征幸运、善意。例如：

a white day 吉日

days marked with a white stone 幸福的日子

a white lie 善意的谎言

（3）表示正直、合法。英语中的 white 可引申出"正直"等含义。例如：

a white man 忠实可靠的人

a white spirit 正直的精神

stand in a white sheet 忏悔

white hope 被寄予厚望的人或事

white light 公正无私的裁判

white-handed 正直的

（4）英语中的 white 也不总是用来象征美好的事物，有时人们也会用它来表示负面影响或消极情绪。例如，在战争中，失败一方会打出白旗（white flag）以示投降；在斗鸡中，认输的一方会竖起颈上插着一根长长的有点白色的羽毛，于是就有 show white feather 的表达。再如：

white trash 指没有文化、贫穷潦倒的美国白人

white night 不眠之夜

2. 汉语中的"白"

在中国文化中，白色有着丰富的文化内涵，主要表现如下。

（1）代表纯洁、素洁、纯净。例如，《增韵》中记载："白，素也，洁也。"白色还代表没有任何额外的东西。例如，白条、白汤、白水。

（2）在中国古代，平民经常穿的就是没有任何修饰的白布衣服。"白衣"代表没有文化和身份的贫苦贫民。

（3）在中国民俗里，丧事要穿白色孝服，白色代表着肃杀、死亡，是丧事的标志。

（4）表示落后、反动、投降。白色在其发展过程中受政治的影响，从而具有腐朽、反动、落后的象征意义。例如，"白色恐怖"指反动政权制造的镇压革命的恐怖氛围，"白军"指反动军队。其他词语还有"白区""白匪""白色政权"等。

（5）在现代社会中，白色是对女性美和婴幼儿健康标准的评判。人们普遍认为美丽的女性应该看起来白，因此在中国有"一白遮百丑"的说法，而人们对婴幼儿的一个褒义评判标准也是"又白又胖"。

（6）表示奸邪、阴险。例如，忘恩负义的人被称为"白眼狼"；在京剧脸谱中，白色表示阴险奸诈，如戏剧中演奸臣的角色被称为"唱白脸"。

（二）英语 yellow 与汉语"黄"

1. 英语中的 yellow

在西方文化中，yellow 作为普遍存在的颜色，其内涵存在褒、贬两个层面，其中贬义色彩更为浓厚一些。英语中 yellow 的贬义含义主要体现在以下几个方面。

（1）表示胆怯、懦弱。在英语中，黄色能带给人们喜悦、兴高采烈的心情，但有时也能使人情绪不稳定，常与懦弱、卑怯有关。例如：

yellow dog 懦夫，胆小鬼

yellow livered 胆小鬼

yellow streak 性格中的怯懦

（2）表示警告、危险。例如：

yellow line 黄色警戒线

yellow flag 黄色检疫旗

yellow warning 黄色警告

（3）表示疾病或指秋天的落叶萧条、死亡或枯黄。例如：

yellow blight 枯黄病

yellow leaf 枯叶

yellow fever 黄热病

（4）表示以庸俗的文字、耸人听闻的报道吸引读者的报刊或新闻。例如：

yellow journalism 黄色新闻

yellow press 色情出版

（5）表示不值钱的、廉价的、无用的。例如，yellow covered 指（法国出版的）黄色纸张印刷或黄色封皮的廉价小说。

（6）表示非法合约名称或机构名称。例如：

Yellow-dog contract 美国劳资间签订的劳方不加入工会的合约

Yellow Union 黄色工会，常待命出动破坏罢工

（7）表示种族歧视。例如：

yellow peril 希特勒散布黄种人危害西方文明的东方文化威胁论

yellow badge 纳粹德国要求犹太人佩带的标志

yellow 在西方文化中的褒义内涵则主要体现在以下两个方面。

（1）象征财富。例如：

yellow 金币

（2）表示荣誉或竞技。例如：

yellow jersey 环法自行车赛冠军所得奖品

yellow ribbon 士兵团结一致的战斗精神

此外，在美国，黄色还表示怀念、思慕和期待远方亲人归来的意思。例如，yellow ribbon 除了表示战斗精神，还指人们在书上、车上或其他地方挂的黄色丝带，用来表示希望正在国外处于困境中的亲人早点归来。

2. 汉语中的“黄”

在中国文化中，黄色是一种特殊又矛盾的有代表性的颜色。可以说，黄色自古以来就与中国传统文化有着不解之缘。而从古代到现代，人们也赋予了黄色一些极其不同的文化联想意义。具体来说，黄色的文化内涵主要有以下几个。

（1）象征皇权、尊贵。在中国，黄色常常象征着地位的高贵。特别是在中国封建社会中，黄色是皇权的象征，是权利的标志。例如，“黄袍”是天子穿的衣服，“黄榜”是指皇帝发出的公告。再如，在古代建筑中，只有皇宫、皇陵才可以使用黄色琉璃。由此可见，黄色是尊贵的。

（2）象征神灵。“黄”在传统的中国文化中还带有一层神秘色彩，即象征神灵。例如，“黄道吉日”是指宜办喜事的吉日，“黄表纸”是祭祀神灵时烧的纸，“黄泉”是指阴间。

（3）象征富足。中华民族发源于黄河流域，又由于金子与成熟的谷物呈黄色，因此黄色还是富足的象征。古时大户人家常使用各种黄金器皿，佩戴各种黄金首饰，以此显示其富有或显赫的地位。

（4）象征稚嫩。由于婴儿的头发是细细的黄毛，因此黄色可以用来指幼儿，如“黄童白叟”。另外，黄色也常用来讥消未经世事、稚嫩无知的年轻人，如“黄口小儿”“黄

毛丫头"等。

（5）象征色情、淫秽、下流、堕落。受 yellow back（轰动一时的廉价小说）一词的影响，黄色在现代汉语文化中具有了色情淫乱的象征意义，如"黄色小说""黄色图片""黄色书刊""黄色音乐""黄色电影""黄段子"等。

（6）在中国戏剧中，黄色脸谱代表着凶猛和残暴。

（三）英语 red 与汉语"红"

1. 英语中的 red

在西方文化中，red 的负面含义更加明显，主要表现如下。

（1）表示负债、亏损。在西方，若账单、损益表中的净收入是负数，人们会用红笔表示出来以突出显示。因此，red 可以表示负债、亏损。例如：

red ink 赤字

red figure 赤字

in the red 亏本

red balance 赤字差额

（2）表示暴力、流血。红色如血，因此西方人常将 red 与流血、暴力、危险、激进联系在一起。例如：

red alert 空袭报警

a red battle 血战

red revenge 血腥复仇

the red rules of tooth and claw 残杀和暴力统治

red hot political campaign 激烈的政治运动

（3）表示放荡、淫秽。由于红色鲜艳，极其夺目，因此在西方文化中还有诱惑、邪恶之美等隐喻含义。例如：

paint the town red 花天酒地地玩乐

a red light district 红灯区（花街柳巷）

a red waste of his youth 因放荡而浪费的青春

（4）表示愤怒、羞愧。人生气或害羞的时候会脸红，因此 red 也常指愤怒、羞愧的感情。例如：

to see red 使人生气

become red-faced 难为情或困窘

waving a red flag 做惹别人生气的事

除此以外，red 在西方文化中有时也作为褒义词，表示尊贵、荣誉、尊敬。例如，在电影节开幕式或欢迎他国首脑的仪式上，主办方常铺红毯(the red carpet)以迎接来宾。

2. 汉语中的"红"

红色是中国人最为喜爱的喜庆色，是一种被人们崇尚的颜色，通常具有积极的文化内涵，主要表现如下。

（1）红色在中国人眼中首先象征着热烈、欢快、喜庆、吉祥、吉兆、财运等。在中国古代，王公贵族所居住的豪宅大院其大门多漆为红色，用以象征富贵。如今，中国人在结婚、过节、欢庆时都用红色作为装饰色调。例如：过节要贴红对联、挂红匾、剪红彩；生孩子要送红蛋；结婚要贴红喜字，用红被面、红枕头等。人们在本命年时，不论大人还是小孩，都要扎上红腰带，认为这样可以避凶消灾。

此外，表示兴旺和发达的词有"开门红""红光满面""红日高照""满堂红""红利""红包""分红"等；表示成功和圆满的词有"走红""演红了""红得发紫""红极一时"等。

（2）红色在中国文化中还有忠诚的含义，尤其是在戏剧中，红色是正义忠良的色彩。例如，关羽在戏剧中是红脸人物，被视为忠心耿耿的英雄。此外，中国人还常用"一片丹心""赤子""赤胆""红心"等来称赞英雄，激励自己。

（3）由于红色与血与火的色彩相联系，因此在中国红色还用来代表革命，这使得红色被抹上了一层政治色彩。例如，20世纪中国共产党所领导的大革命时期就有"红军""红心""红旗""红区""红领章""红色政权""红色根据地""红色资本家"等词。文化大革命时期，又出现了"红卫兵""红宝书""红海洋""红五类"等词。

（4）红色在现代汉语中还象征着青春、健康和积极向上。例如，"红光满面""红润"等。

总之，不仅中国人十分喜爱红色，在西方人眼里，红色也是中国独具特色的文化象征之一。当然，红色在汉语文化中也可作为贬义。例如，红色可以表达某种消极情绪，如"面红耳赤""脸色通红""眼红"等。

（四）英语 black 与汉语 "黑"

1. 英语中的 black

在西方文化中，black 常被当作"死亡之色"，可见其贬义色彩更为浓厚一些。英语中 black 的文化内涵主要体现在以下几个方面。

（1）象征悲痛、死亡和苦难。欧美国家人们认为黑色能使气氛显得庄严肃穆，令人肃然起敬，是丧礼时的专用色彩。例如，黑色面纱、黑色眼睛、黑色围巾用于表示对死者的哀悼。

（2）常用于描述态度不好、心情坏、脸色差或状况不明。

例如：

Black-browned 愁眉苦脸的

to be in a black mood 生气，发脾气

be/go black in the face 非常生气

再如，Black Tuesday 指的是 1987 年 10 月 19 日星期二那天华尔街股市崩溃，进

而引起世界各地股市的接连崩溃这一特定的历史事件。black economy（黑色经济）指国家经济的一部分，但是建立在未申报收入的基础上，且无法估计税额，实际上属于非法收入。

（3）表示耻辱、不光彩、邪恶、犯罪。例如：

Black Man 邪恶的恶魔

a black eye 丢脸、坏名声

black guard 恶棍、流氓、坏蛋

black deeds 卑劣的行为

black lie 阴险的谎言

black-eg 骗子、工贼

black magic 邪恶的魔力

（4）象征着隆重、严谨和谦虚。black 以其色调暗、朴素而沉稳，是西方传统服装的主色。例如：

black suit 黑色西装

black dress 黑色礼服

（5）表示盈利。这里的用法正好与 red 相对，西方人习惯以记账通用的黑色字体来标注盈利的数字，因此就有了 in the black（盈利、有结余）的说法。

（6）在《圣经》文化中，black 象征邪恶、妖魔和黑暗。例如：

black box 黑匣子（意味着灾难或不幸）

black mass 魔鬼的信徒仿照基督教之礼拜仪式；黑弥撒

（7）表示没有希望。例如：

black news 坏消息

the future looked black 前景黯淡

此外，black 还有许多引申义。例如：

black tea 红茶

black mouth 诽谤者

Black Hand 黑手党；从事犯罪活动的黑社会组织

black humor 黑色幽默

a black-letter day 倒霉的一天

2. 汉语中的"黑"

"黑"是诸多基本颜色中最为常见的一个，也是颜色词汇中含义较多的一个。在中国的传统文化中，黑色的文化内涵十分复杂，也是褒贬共存的。一方面，黑和白普遍被认为是黑暗和光明的对立象征，因此其本身并不被喜欢；另一方面，黑色中性特质所表现出的庄重内涵又为人所崇尚。具体来说，汉语文化中的黑色主要有以下几种文化内涵。

（1）象征尊贵、庄重。在春秋时期，黑色是作为官员上朝时所穿的朝服，古书《毛

诗故训传》就有这样的解释："缁，黑色，卿士听朝之正服也。"这是指古代用黑色帛做的朝服，以显其尊贵、庄严的气势。可见，黑色作为古朝服的颜色，那么黑色在古代的地位并不低。即使在今天，黑色仍具有"庄重、显贵、正式"的含义。例如，一般的公务车以黑色为主导色彩，因为人们认为黑色显得沉稳厚重，能给别人留下身份显赫的印象。

（2）象征刚直不阿、公正无私。在戏剧舞台上，人们一般用黑色或以黑色为主色调来表示刚直不阿、严正无私和憨厚忠诚的人物特点，如包拯、李逵、尉迟恭、张飞等人的脸谱色彩都是黑色。

（3）由于黑色常使人联想起黑夜，因此就有了负面方向的基本联想。当人们想起黑夜时，会感到恐怖和无助：当人们看到一些黑色的动物和鸟类，如乌鸦、猫头鹰、猪等也会产生厌恶之感。此外，中国人认为黑色是地下冥间的色彩，鬼之色就是黑色。

（4）黑色还象征着反动、邪恶等。在现代汉语中，有很多用黑色来表示的词语都说明了"黑"不受欢迎的一面。例如，"黑手""黑话""黑幕""黑市""黑人""黑户""黑店""黑心""黑帮""黑货""黑会""黑枪""黑金""黑账""黑交易""黑道""黑车""抹黑""黑社会""黑势力""背黑锅""黑爪牙""黑干将""黑名单""黑色收入"等。

（五）英语 blue 与汉语"蓝"

1. 英语中的 blue

在英语中，blue 的文化内涵主要表现在以下几个方面。

（1）blue 象征着荣誉和对美好事业的追求，被视为当选者或领导者的标志。例如：

blue book 蓝皮书（用于刊载知名人士）

blue ribbon 蓝带（象征荣誉）

（2）blue 象征博大、力量、永恒，常让人联想到天空和大海等博大的事物。例如，常将苍天和大海称为 the blue。

（3）蓝色也用于表示反面的含义，如悲哀、空虚、阴冷、抑郁等。例如：

in the blue mood ／ having the blues 情绪低沉；烦闷；沮丧

blue devils 蓝鬼（沮丧、忧郁的代名词）

a blue Monday 倒霉的星期一

blue about the gills 脸色阴郁；垂头丧气

blues 曲调忧伤而缓慢的布鲁斯

此外，还有一些带有 blue 的英语短语。

blue chip 热门股票，蓝筹股

a blue-collar worker 体力劳动者

a bolt from the blue 晴天霹雳

blue-pencil 校对，删改

to be blue with cold 冻得发青

till all is blue 彻底地

into the blue 无影无踪；遥远地

a blue film 黄色电影

blue revolution 性解放

2. 汉语中的"蓝"

在自然界的色彩中，蓝色给人以轻快明亮的感觉，这是因为大海、天空均为蓝色。但是，以蓝色为核心的词语构成在汉语中是十分贫乏的。无论是在古代汉语还是现代汉语中，"蓝"字通常都是就事论事的使用，没有其他的引申义，如《荀子·劝学》中的"青，取之于蓝而青于蓝"，白居易《忆江南》中的"日出江花红胜火，春来江水绿如蓝"。

如果说象征意义的话，在现代，蓝色的一个比较常见的代表意义是"依据"。例如，"蓝本"原本是指书籍正式复印之前为校稿审订而印制的蓝色字体的初印本，后来专指撰著、改编等所依据的底本、原稿。又如，"蓝图"一词源自英语单词 blueprint，原指设计图纸，因其为蓝色而得名，现在也用以喻指建设所依据的设计、规划以及人们对未来的宏大设想等。

此外，在中国文化中，蓝色还用来代表稳定、沉着、勇敢和素净。例如，在传统戏剧中，蓝色的脸谱代表着坚毅、勇敢。

（六）英语 purple 与汉语"紫"

1. 英语中的 purple

在英语文化中，purple 被视为高贵的颜色，其文化内涵主要表现在以下几个方面。

（1）表示高雅、显贵、优雅、权利与荣耀。古代的帝王和有权势的高官等都着紫袍。purple 还可以代指那些具有高官头衔的人，甚至是皇族或贵族。例如：

be born in the purple 出生于王室贵族的或身居显位

the purple 帝位，王权、高位，即指古罗马皇帝或红衣主教所穿的紫袍

marry into the purple 嫁到显贵人家

purple passion 暗中被爱着的人

（2）表示华丽、智慧。例如：

purple prose 风格华丽的散文

raised to the purple 升为红衣主教

purple passages ／ patches 文学作品中辞藻华丽的段落；浮词丽句的段落

此外，purple 还可以用于描述情绪。例如，be purple with rage（气得满脸发紫）。

2. 汉语中的"紫"

在中国文化中，紫色虽然不是基本色，由红色和蓝色合成，但其也具有丰富的文化内涵。

在我国古代，紫色是高贵、祥瑞的象征和标志，因此封建的帝王将相经常使用。古代皇宫即为"紫禁城"。民间传说有天帝位于"紫微宫"（星座名称），因而以天帝为父的人间帝王以紫为瑞。同时，还将"紫气"作为祥瑞之气。因而，直到如今紫色仍有祥瑞之意的文化内涵。

（七）英语"green"与汉语"绿"

1. 英语中的 green

（1）在英语文化中，绿色是植物王国的颜色，因此也代表着青春、生命、希望，是春天的象征。例如：

a green age 老当益壮

in the green 血气方刚

in the green tree ／ wood 在青春旺盛的时代，处于佳境

再如，中世纪的画家通常会把十字架画成绿色的，象征着基督带来的新生以及人们死后回归天堂的希望。

（2）表示新鲜。例如：

green meat 鲜肉

a green wound 新伤口

（3）表示幼稚、新手、没有经验、不成熟、缺乏训练等。例如：

green hand 新手

as green as grass 幼稚

to be green as grass 幼稚，无经验

Do you see any green in my eye?

你以为我是幼稚可欺的吗？

You are expecting too much of him.He's still green，you know.

你对他要求太高，他还没经验！

（4）表示妒忌。例如：

green with envy 眼红

green-eyed 害了红眼病；妒忌

在汉语中，表示这一意义用的则是"红"字。

（5）表示钞票、金钱。由于美国的钞票以绿色为主色调，因而绿色具有钞票的象征意义。人们称"美钞"为 green back，并由此延伸出 green power（金钱的力量，财团）这一说法。

如今，随着环保概念的深入，东西方现在都认同"绿色"为环境保护的代名词。例如：

green and luxuriant 绿葱葱

make green by planting 绿化

green food 绿色食品

greenish 同情环保事业的

green consumerism 绿色消费

the Green Revolution 绿色革命

the Greens 保护环境的政治团体

Green Peace Organization 绿色和平组织

2. 汉语中的"绿"

自古以来，绿色是植物的生命之色，通常象征着生机。同时，绿色在光谱中处于中间位置，是一种平衡色。在中国，绿色代表着生命、希望、安全、太平和和平。

（1）在古代，屈原的《楚辞》第九章《橘颂》中记载："绿叶素荣，纷其可喜兮。"

（2）在现在汉语中，绿色一般指没有污染，如绿色能源、绿色旅游、绿色食品、绿色科技、绿色工厂等。"绿"作为颜色以及绿化之意，和英文基本上是对等的。

（3）绿色象征和平。最为典型的例子就是世界和平组织有绿色橄榄枝拥着白鸽的图案，是和平的象征。

（4）汉语中的绿色也带有贬义色彩。例如，人们通常说的"戴绿帽子"就出于明代郎瑛的《七修类稿》："吴人称人妻有淫者为绿头巾。"

二、英汉色彩文化翻译

（一）直接翻译法

对于英汉两种语言中具有相同联想意义的色彩词，在进行翻译时通常可以保留原有形式进行直接翻译。例如：

red rose 红玫瑰

red carpet 红地毯

a dark red blouse 一件深红的罩衫

black market 黑市

black hearted 黑心肠

black list 黑名单

yellow brass 黄铜

grey uniform 灰制服

green tea 绿茶

white flag 白旗

White House 白宫

white terror 白色恐怖

white-collar workers 白领阶层

blue-collar workers 蓝领阶层

The boy flushed red with shame.

这个男孩羞红了脸。

The grey-black clouds had suddenly departed and an expanse of colored clouds had blazed up at the western edge of the sky.

灰黑的云突然遁去，西天边烧起一片云彩。

（二）变色翻译法

这种翻译方法主要用于英汉两种语言经常使用不同的色彩词来表达同一个意思的情况。具体而言，就是将源语的色彩词转换成目标语中与之相对应的色彩词，使其与读者所处的文化背景、语言习惯相符合的翻译方法。例如：

My finger was caught in crack of the door and got pinched black and blue.

我的手指夹在门缝里，压得又青又紫。

本例中，英语文化习惯用 black and blue 对遍体鳞伤、伤痕累累进行描述。但是，在汉语文化中却用"又青又紫""青一块、紫一块"来表达，如此变色翻译更为恰当。再如：

red sky 彩霞

blue talk 黄色段子

brown bread 黑面包

红糖 brown sugar

红葡萄酒 purple wine

（三）增色翻译法

增色翻译法指的是源语中并未出现色彩词，译者可以根据目的语的表达习惯增添一个或几个色彩词使其与源语相近或相似。例如：

重要的日子 / 节日 red-letter day

大怒 see red

繁文缛节 red tape

暗淡的前途 black future

make a good start 开门红

wedding and funeral 红白喜事

He is a popular singer and in fact he becomes even more popular after the competition.

他是个当红歌星，事实上经过那次比赛他就更红了。

His eyes became moist.

他眼圈红了。

（四）删色翻译法

有时候，英汉语中的一部分颜色词无法进行直译，也无法替换颜色词进行翻译，此时可以去掉颜色词进行意译，以便更准确地表达本意。例如：

白面（儿）heroin ／ cocaine

黑心肠 evil mind

红榜 honor roll

红运 good luck

a black look 怒目

red ruin 火灾

She is green with jealousy.

她醋意大发。

I dislike John，for he is a yellow dog.

我讨厌约翰，他是个卑鄙小人。

He has white hands.

他是无辜的。

He is a white-haired boy of the general manager.

他是总经理面前的大红人。

第三节　英汉亲属称谓文化对比与翻译

在特定的社交语境中，各种称谓语除了表示对交际对象的直接称呼或他称称谓外，还往往隐含亲近、威胁、普称、戏称、讽刺等言外之意，或表示尊敬、提出请求、传达喜恶等。例如，在英美家庭中，孩子在幼年时称父母为 Daddy 和 Mummy，稍大时改称 Dad 和 Mum，再大时则称 Father 和 Mother。可见，在不同的交际场合中，不同的称谓语除了表示明确的指称对象外，还体现着明显的感情色彩。有人认为称谓语只要按词直译就可以了，这种方法往往导致误译。准确理解和表达称谓语在特定社交场合中的语用含义，历来是翻译中的一个难题。在表达时，同一个称谓在源语与译语两种语言中的语用意义往往并不对应。从某种意义上说，翻译就是研究同一称谓语在两种语言中语用意义的异同，寻求语用意义的吻合部分，然后将其转换为译语中相对应的称谓语。因此，我们在进行英汉称谓语的互译时应当考虑英汉称谓语的语用翻译因素，在此基础上方可得出其翻译策略。

一、英汉称谓语的语用翻译因素

语用翻译是一种等效翻译，即 Nida 提出的"功能对等"（functional equivalence）。Nida 指出：一般来说最好还是用"功能对等"来讨论译文的适度范围，因为从来就没有完全对等的译文。最低限度切合实际的功能对等定义可以表述为：译文读者对译文的理解应当达到能够想象出原文读者是怎样理解和领会原文的程度，低于这一对等程度的定义是不可取的。最高限度合乎理想的定义表述为：译文读者应能够根据基本按照原文读者理解和领会原文的方式来理解和领会原文。要达到这一高度是非常难的。为了达到这种"功能对等"，就必须综合考虑文化、关系和语境这三个因素。

（一）文化习惯

称谓语是民族文化的体现，它体现了习俗风尚，也体现了表达习惯。尊重文化传统、遵循表达习惯，这是英汉互译中必须牢记于心的要素，否则难免出现失误。例如，JaneAusten 的 Pride and Prejudice 中有一句是"Sir William and Lady Lucas are determined to go, merely on that account."初学者往往译作"威廉爵士和路卡斯夫人……"。译者要是熟悉英国贵族的称呼习惯就一定会翻成"路卡斯爵士夫妇"。

中国是礼仪之邦，说话时称对方常用敬语，而指自己时则常用谦辞。例如，"请问贵姓？"当然不应译成"May I ask what's your noble name?"而只要说"May I know your name，please?"最后的"Please"一词和问句开头的"may"已经表示出敬意来了。比如回答是"敝姓王。"当然也不用译作"My humble surname is Wang."而只需说"My surname isWang."。汉语中谦称自己的说法有"在下""小弟""小可""愚弟""不才""敝下""下官"等一概只需译为"I"即可，连皇帝自称"朕""寡人"也只能译成"I"。

（二）关系因素

关系因素即人与人之间的角色、权势关系和生熟亲疏关系。在翻译时应分清角色关系把握好远近亲疏程度做对等翻译。例如：

例 1 "Come and help,man! Are you mad to throw your only chance away?"

译文：来帮帮忙，伙计！你疯了么，你要把唯一的机会抛开？

例 2 I believe I called him "dear boy", and he tacked on the words "old man" to somehalf- uttered expression of gratitude, as though his risk set off against my age had made usmore equal in age and in feeling.

译文：我相信我叫过他"好小子"，他在一些吞吞吐吐的表示感谢的话中加了"老家伙"这几个字，好像他冒的风险抵消了我的岁数，使我们俩在年龄在感情上都更为平等。

这两句都是从英国著名小说家约瑟夫·康拉德的小说《吉姆爷》中选出来的。例 1 是轮机长准备弃船逃生时叫水手们来帮忙时的称呼，"man"译成"伙计"符合当时的情况和关系。例 2 中马罗和吉姆的关系经过时间的磨炼，两个人像朋友一样，因此将"man"翻译成"家伙"，"old man"翻译成"老家伙"反倒能显出两人平等、友好和不拘束的朋友关系。

（三）语境因素

语境即社交双方"运用语言进行交际的具体场合"。所谓"具体场合"，包括社交时的环境、场所、时间、话语的上下文等。同一称谓在不同的语境中所表达的意义是不同的，在称谓翻译过程中应充分考虑这些因素，以确定说话人褒贬爱憎的感情、喜恶昵恨的语气等等，从而择取译文。

如 A.A.Milne 的一个独幕剧 The Boy Comes Home，那里有一处叔叔跟侄儿说话，火儿了，拍着桌子说："And perhaps I'd better tell you，sir，once and for all，that I don'tpropose to allow rudeness from an impertinent young. Puppy"。一边骂他是小狗，一边又管他叫"sir"，那么这个"sir"该怎么样翻译。如果不考虑到语境的话将"sir"翻译成"先生"就完全表达不出叔叔的的讥讽和愤怒。想了半天把它翻译成"少爷"。英国人嘴里的"sir"可以用来表示恭敬、客气，又可以表示愤怒、讥讽，汉语里找不出一个单一的翻法。很多地方可以翻译成"老爷"，有的地方只能翻作"您哪"。有的地方只能不翻，例如"Yes，sir."只能翻作"是"或"喳"。同样一个"sir"翻译方法不同看的就是语境。

二、英汉称谓语的翻译策略

（一）语义等值法

语义等值是翻译中所追求的深层面的对等，它是在译文达到表面对等的基础上才进行的，如格式、韵律、词性、语法等方面的等值。语义等值强调译文和原文在表达上应达到等值效果，原文中深藏的含义要在译文中有所体现，如作者想表达的感情以及这种内心情感本身所能给人的触动，能让两种语言的读者在欣赏不同语言的作品时思想感情达到同一个境地，正如同一首音乐能给不同国家的人带来的感觉一样，那就是无国界，语义等值正是要让语言产生这种无国界的感觉。

那么，在英汉语言中有些称谓语具有相等的语义和交际价值，在翻译时可以"对号入座"。比如，英汉语言中的一些亲属称谓语：父亲 -father，爸爸 -dad，mother- 母亲，Mom- 妈妈等。另外，像汉语中"姓氏 + 先生 / 太太 / 小姐等"这一类表达方式也可以对号入座，译成"Mr./Mrs./Miss+ 姓氏"的格式。又如：

"门子听了，冷笑道：'老爷说道何尝不是大道理，……'"（《红楼梦》第一回）

在以上的例句中，"老爷"指贾雨村，为新任应天府。杨宪益等译为"Your Honor"，可以说既符合源语所指，又符合译入语的习惯，因此，汉语与英译十分贴切妥当。

（二）语义增减法

由于英汉称谓系统中有许多称谓语没有完全对等的成分，不能"对号入座"，因此在互译过程中，应根据上下文做适当补充或删减，以符合不同语言文化的习惯。例如：《红楼梦》中有关"哥哥"或"妹妹"一词的翻译，若用"Cousin"来译，就显得比较笼统、含糊。因为在英语中"Cousin"这个称谓词不分长幼，无男女之别，甚至不分辈辈。而在传统的中国社会里，长幼分得非常清楚，这给英译翻译带来很大困难。如下：

例3 "四妹，时间不早了，要逛动物园就得赶快走。"四小姐蕙芳正靠在一棵杨柳树上用手帕揉眼睛。"九哥，他是不是想跳水呢？神气很像的。"（茅盾《子夜》）

译　文："Huei-fang!" He called. "it's getting late. We'll have to get a move on if you want tosee the zoo." Huei-fang was leaning against a willow, dabbing her eyes with a handkerchief. "Chih-sheng, was he going to throw himselfinto the pond? He looked as if he was."（杨宪益、戴乃迭译）

译者直接大胆地将"四妹""九哥"改译为人物的名字"Huei-fang""Chih-sheng"。这里译者对称谓做了归化处理，采用了变通和补偿的方法，用英语习惯以名字称呼代替汉语的排行称呼，实现译语与源语最大的等值，使译语读起来比较地道。

（三）语用等效法

在英汉称谓翻译过程中，有很多称谓语既找不到形式上的对等译入语，又找不到合适的语义等值语，这时候就要弄清楚交际双方的关系、身份、语气、语境及可能的语片含义。例如：

例4 王夫人哭道："宝玉虽然该打，老爷也要自重。……"（《红楼梦》三十三回）

译文："I know Pao-Yu deserves a beating." sobbed Lady Wang. "But you mustn't wearyourself out，sir."（杨宪益译）

在此例中，"老爷"出自王夫人之口。王夫人称自己的丈夫为"老爷"，主要原因是在别人面前表示对贾政的尊重和对他痛打宝玉的不满。在这种场合，如果把"老爷"直译成"You"显得过于随便，译为"Sir"较准确地传递了原作者的表达意愿。

三、英汉亲属称谓语的具体翻译问题

英汉亲属称谓语语义和使用上的差异造成了翻译的难题。"亲家"在英语中就没有对等称谓，即使勉强译成"parents of one's daughter-in-law or son-in-law"，充其量也不过是对词义的一种解释，而不成其为称谓。"wife"译为汉语为"妻子""爱人""老婆""太太""内人"或"夫人"，语体色彩各不相同，"爱人"还有"情人"的歧义，英译汉时选词成了一个问题。这类困难，原因在于英汉语语义上的差异。使用上的差异也会造成翻译的困难。英语中人名或指人的普通名词前用"old"修饰，可作为亲昵的称谓语使用，经常用于亲属关系，如《蝴蝶梦》男主人公 Maxim 面称他的姐姐 Beatrice 时用过"Dear oldBeatrice"，而 Beatrice 夫妇面称 Maxim 时也曾分别用"old Maxim""old Chap"和"dearold boy"。"old"只是传达亲昵的口气，跟被称呼者的年龄没有必然的联系，被称呼者甚至可能是年轻或年幼者。这与汉语以"老＋姓"用于非亲属称谓的用法大相径庭，翻译时不能简单地对译。

又如，老舍笔下的骆驼祥子辞工时强自安慰"此处不留爷，自有留爷处"，这里的"爷"并非称呼长者，而是对自己的尊称，颇有"老子"的口吻，其感情色彩很难用英语表现出来。英汉亲属称谓语在上述各方面的差异决定了翻译手段的多样化，需要根据语境动用种种不同手段来解决这些因差异而产生翻译难题。

传统上的常规翻译手段，无论是音译、直译、直译加注、意译、活译、释义还是新造，基本上都可归结为异化和归化两大途径。异化指的是吸纳外语的语言方式，引入新的表现法，主张译文应以源语或原文作者为归宿；归化则是指使用地道的本族语表达方式，认为译文应以目的语或译文读者为归宿。汉语中习惯用"排行称谓"，英语中习惯用"姓名称谓"，在翻译时可将汉语的"排行称谓"直接译为"姓名称谓"。有时为使译语读者明确理解汉语中人物之间错综复杂的关系，也可采用异化译法，将指称关系明确译出，以便称谓语语义对等。异化和归化是互为对立的一对矛盾。

异化法和归化法下面各举一例说明。

例 5 "My dear, you are an optimist," said Beatrice. （Rebecca）

译文：比阿特丽斯说："亲爱的，你把事情看得太轻巧罗！"（《蝴蝶梦》）

分析：译文中比阿特丽斯面称的对象是自己弟弟的新婚妻子，即故事的叙述者德温特夫人。随着大量的西方影视文艺作品译成汉语，英语中用"dear"面称亲属的表达法早已为中国的观众和读者所熟悉。汉语里"亲爱的"称谓是异化而来的，一直保有浓厚的西方情调。

例 6 宝玉笑道："你提起鞋来，我想起个故事：那一回我穿着；可巧遇见了老爷，老爷就不受用，问是谁作的……"（《红楼梦》）

译 文："That reminds me." Pao-yu grinned. "1 was wearing your slippers one day when Imet father. He asked me disapprovingly who'd made them..." （A Dream of Red Mansions）

分析：例 6 的"老爷"是中国大家族对父亲的称谓，宝玉谈话的对象是他同父异母的妹妹探春，译者依照英语的称呼习惯译为"father"这就是归化法。异化顺应了文化融合的趋势，一种文化特有的东西为另一种文化所认识，给跨文化交际带来了方便然而异化产生的译文能否被广泛地接受，总是有赖于实践和时间的检验，且其可接受性也只能就一定的阶段而言。归化可以完全避免这个问题，还能充分发挥译语的优势，增强译文的可读性，但归化只是固守各自的语言传统，对文化融合的趋势反应漠然，对跨文化交际没有积极的帮助。异化和归化的矛盾如此对立，两者之间究竟该如何取舍呢？联系到亲属称谓语的互译问题，例5译文中比阿特丽斯称呼弟媳应仍按英语方式称"亲爱的"，还是按中国习惯叫她的名字？例6的"father"是一个即使平民百姓家也常用的称谓语，没有"老爷"令人敬畏的一面，译文究竟要不要设法反映出原文所隐含的中国封建大家族的等级森严呢？

异化和归化，一方的缺点却是另一方的优点，正好相互补充，因此无所谓孰是孰非，它们是同一个问题对立的两个方面，是互为依存的。成功的翻译是能够找到二者的平衡，而不是走任何一个极端。极端的异化或归化都不能达到翻译的目的，都无法实现跨文化交际。所以化解矛盾的关键在于"适度"二字。这种辩证法指导下的翻译观有助于解开包括亲属称谓语互译在内的诸多翻译问题的思想困惑，更好地指导翻译实践。亲属称谓语的交际功能决定了它们和语境的密切关系。考察英汉亲属称谓语互译时异化与归化是否"适度"，主要应依据称谓语使用的实际语言环境来衡量。这里的语境不仅指亲属称谓语所在的具体的上下文，还涉及整个语篇范围以及文化和语言融合的大背景等更为广义的概念。下面结合英汉亲属称谓语在语义上和使用上的差异来做一些具体的分析。

语义上的差异：

例 7 "I heard your wife's frock never turned up in time," said someone with a mottledface and a sailor's pigtail,and he laughed,and dug Maxim in the ribs. "Damn shame, what? I should sue the shop for fraud. Same thing happened to my wife's cousm once." （Rebecca）

译文："听说你妻子的礼服没及时送来，"一位满脸斑纹、头戴水手帽的客人用胳膊肘碰了碰迈克西姆的胸口，笑着说。"真他妈的不像话，是吗？要是我，就去告那家铺子一状，告它诈骗钱财。有一次我的表姨也碰到过这种事。"（《蝴蝶梦》）

原文的"my wife's cousin"因有上文支持，首先可以确定是指与自己同辈的女性。将原文字面上"我妻子的表/堂姐妹"落实为具体的一个人，归化为"我的表姨"，译文与原文相比有细节上的出入：一来排除了"妻子的堂姐妹"；二来"我的表姨"有歧义，可能只是"我"本人的亲属，还可能是"我"的长辈，仅从词语层来看，归化有些过度了。但是，从语篇的全局来看，该人物跟作品里的其他人物再无关联，全书也只在此提及一次，无论是"我的表姨"还是"我妻子的堂妹"都无伤主旨，这样归化还是可以接受的。如下：

例8……自幼假充男儿教养的，学名自幼假充男儿教养的，学名王熙凤，黛玉忙陪笑见礼，以"嫂"呼之。（红楼梦）

译 文：She had been educated like a boy and given the school-room name His-feng.

Tai-yuno time in greeting her with a smile as "usin". （A Dream of Red Mansions）

同样是"cousm"，这里的关系却与例7不同。王熙凤是林黛玉的表嫂，按照汉语的称谓习惯，面称免去"表"字以示亲近。译文没有被字面所限制，根据人物的实际亲属关系将"嫂"归化为"cousm"，虽无法体现二人的姻亲关系，但已是英语中最接近的称谓了。这里的归化是适度的，如果有人脱离称谓语的实际环境，把原文的"嫂"译成"Sister-in-law"，就属极端的归化，极端的归化就是误译了。

例9 "……况且这通身的气派，竟不像老祖宗的外孙女儿，竟是个嫡亲的孙女儿……"（《红楼梦》）

译文："Her whole air is so distinguished! She doesn't take after her father, son-in-law ofour Old Ancestress,but looks more like a Chia..." （A Dream of Red Mansions）

译文的"our Old Ancestor"并不是英语中惯用的亲属称谓语，是由"老祖宗"异化而来的，传达了贾母在家族中享有至高地位的深层信息。例6的"老爷"跟此处的"老祖宗"一样，是令人敬畏的封建大家族家长身份的标志，译文有必要做出与此类似的处理。另外，本例的原文还着意强调"嫡亲的孙女儿"和"外孙女儿"的区别，而英语本来却是不分内外的，这个尖锐的冲突被译者巧妙地化解了。译者对整句话都做了归化处理，以突出家族的"贾"姓回避"孙女儿"和"外孙女儿"的措辞，王熙凤刻意讨好贾母的精神实质在译文里仍然得到了传神的反映。

使用上的差异：

例10 "I'm awfully sorry, darling," I said,after a moment. "It was very careless ofme..."

"My sweet child, forget it.What does it matter?" （Rebecca）

译文："亲爱的，真对不起，"过了一会，我说。"我太不当心了。……"

"别再想它了，宝贝儿。这有什么关系呢？"（《蝴蝶梦》）

这是作品的男女主人公德温特夫妇之间的一段对话。德温特夫人难过地承认家中的瓷塑是她打破的，德温特先生（迈克西姆）则安慰她。译文把原文夫妇间的面称称谓语"darling"和"My sweet child"异化过来，分别译成"亲爱的"和"宝贝儿"，今天的中国家庭尽管仍然很少有人使用这类"昵称"，但作为外国人常用的称谓语，"亲爱的"和"宝贝儿"正在逐渐地被中国人广泛认识和接受。同理，在当前文化融合的背景下，汉语读者已能充分认同例5译文中比阿特丽斯对弟媳使用的"亲爱的"这一面称。

例11 "We told you, darling, Maxim had to go to London," said Beatrice impatiently. "Some dinner, you know. Giles went too." （Rebecca）

译文："好奶奶，我们对你说过啦，麦克西姆有事上伦敦去了，"比阿特丽丝不耐烦地说，"你知道，是去赴个什么宴会。加尔斯也去了。"（《蝴蝶梦》）

分析：比阿特丽斯带着弟媳去看望年迈的老祖母，见面时就告诉老祖母迈克西姆未能同去的原因，不久健忘的老祖母又问起他来，比阿特丽斯只好再次解释。原文中"darling"的汉语对等语是"亲爱的"（如例5），但"亲爱的"这一汉语称谓语在这个情景中显得有些过于亲密，译者把"darling"归化为"好奶奶"，得体地表现出了比阿特丽斯不耐烦又无可奈何的语气。

同是"奶奶"，下例却没有一个指"祖母"：

例12 红玉道："平姐姐说：我们奶奶问这里奶奶好。原是我们二爷不在家，虽然迟了两天，只管请奶奶放心。等五奶奶好些，我们奶奶还会了五奶奶来瞧奶奶呢。五奶奶前儿打发了人来说，舅奶奶带了信来了，问奶奶好，还要和这里的姑奶奶寻两丸延年神验万全丹。若有了，奶奶打发人来，只管送在我们奶奶这里。明儿有人去，就顺路给那边舅奶奶带去的。"（《红楼梦》）

译 文：She said，"Our lady sends her compliments to Her Ladyship. Our Second Master isaway from home now,so Her Ladyship shouldn't worry over a couple of days' delay. WhenThe Fifth Mistress is better, our lady will come with her to see Her Ladyship. The FifthMistress sent a servant the other day to report that our lady's sister-in-law had inquired after Her Ladyship in a letter, and hoped her sister-in-law her would oblige her with two longevitypills. If Her Ladyship has any to spare,please send them to our lady, and the next person to gothat way will deliver them to her sister-in-law"（A Dream of Red Mansions）

分析：这是红玉向王熙凤转述平儿交代旺儿出门办事的话。原文不到150个字里，"奶奶"一词出现了14次，涉及的是5个人。她们的关系有亲有疏，但作为丫头的红玉一律用"奶奶"指称；因为是转述，所以即使是对听话者王熙凤本人也用背称"我们奶奶"。译者根据人物的实际身份，对这14个称谓的用词分别做了归化处理："我们奶奶"和"（这里）奶奶"用的是"lady（ship）"；"五奶奶"是"mistress"，另有一次用"her"来指代；"舅奶奶"和"姑奶奶"都译为"sister-in-law"。这样一来，译文比原文更容易被读者理解，但令人遗憾的是，同词复用率大大降低了，原文以称谓语的纷繁饶杂反衬红玉伶牙俐齿的意趣也因此大大减少了。英汉亲属称谓语使用上的差异在这里被如此集中地反映出来，翻译时顾此失彼是在所难免的，判断取舍只能根据实际语境的需要。与以纷繁饶杂反衬红玉的用意相比，这些称谓语的所指意义还是占主导地位的。因此，译者选择牺牲前者而保留后者，并对后者分别进行了归化，这样处理还可兼顾这些称谓语在整个作品中的一致性。可以想象，这14个称谓语如果全部异化处理，或者统统被机械地归化为同一个称谓语，译文不但难以理解，而且将错误百出。

英汉亲属称谓语语义上的差异可以说是使用上差异的一个反映，而使用上的差异又可归结到文化因素。对文化上存在差异的语言材料进行互译时，一个不可回避的问题就是应该异化还是归化。由以上译例可以看出，异化和归化都是翻译的有效手段，二者的矛盾并非不可调和，翻译的实质在于处理好异化和归化的辩证关系，在于异化和归化的"适度"。而"适度"与否，应据实际的文化、语言环境来判断。英汉之间存在文化差异的还有不少其他形式的语言材料，如数字含义、性别用语等，辩证的翻译观对它们的互译问题也是适用的。

第五章　英汉习语、典故对比与翻译

习语、典故和宗教文化都是语言文化内涵的重要载体，体现了鲜明的民族文化特色和文化信息。对这些文化元素进行对比分析和互译对不同文化下人们的沟通、交流和了解有着非常重要的作用和积极的意义。这里就围绕英汉习语、典故、宗教文化的对比和互译问题进行探讨。

第一节　英汉习语对比与翻译

习语是某一语言在长期使用的过程中所形成的独特、固定的表达方式，在语言方面呈现出通俗、精辟、寓意深刻等特点。作为语言中的精华，习语不仅孕育着多姿多彩的文化内容，而且反映出不同民族独有的文化特色。本节先对英汉习语文化进行对比，然后对其互译进行分析。

一、英汉习语文化对比

（一）英汉习语结构形式对比

从结构形式方面来看，英汉习语存在着诸多不同，具体体现在以下几个方面。

1. 英语习语的结构形式

就英语习语而言，其结构形式的灵活性特点比较明显，可松可紧、可长可短。例如：

What one loses on the swings one gets back on the roundabouts.

失之东隅，收之桑榆。

Hair by hair you will pull out the horse's tail.

矢志不移，定能成功。

One boy is a boy, two boys half a boy, three boys lqo boy.

一个和尚有水吃，两个和尚挑水吃，三个和尚没水吃。

2. 汉语习语的结构形式

从汉语习语的结构形式来看，整体呈现出用词简练、结构紧凑的特点，并且大多为词组性短语。从习语的字数来看，多为两个字、三个字或四个字的结构形式。当然，也有少部分字数较多的对偶性短句。例如：

踏破铁鞋无觅处，得来全不费工夫。

螳螂捕蝉，黄雀在后。

但是，这类汉语习语实属凤毛麟角，也有很多采用四字结构，偶尔有两字或三字组成的情况，但相对来说并不多见，如"不到长城非好汉""说曹操，曹操到"等。

（二）英汉习语对应程度对比

整体而言，英汉习语在对应程度方面存在着对应、半对应和不对应这几种情况。下面就对这几种情况进行具体分析。

1. 英汉习语的对应性

虽然英汉民族在思维方式、生活习惯、认知能力等很多方面存在着诸多差异，但是二者赖以生存的外部条件，包括地理状况、季节更迭、气候变化等仍存在着种种共性。这种共同的认知反映在语言层面便可通过习语表达出来，英语和汉语都是如此，英语有许多习语在字面意义、喻体形象和比喻意义方面与汉语习语有很多一致性。这些习语在两种语言中不仅具有相同的语义，在表达方式与结构上也高度相似，并且这种对应关系从字面意义上便一目了然，这些习语被称为"相互对应的习语"。例如：

pour oil on the flame 火上浇油

to be on thin ice 如坐针毡

throw cold water on 泼冷水

to draw a cake to satisfy one's hunger 画饼充饥

A beggar's purse is bottomless.

乞丐的钱袋是无底洞。

A bird is known by its note and a man by his talk.

闻其歌知其鸟，听其言知其人。

Think with the wise，but talk with the vulgar.

同智者一起考虑，与俗人一起交谈。

A burden of one's choice is not felt.

爱挑的担子不嫌重。

2. 英汉习语的半对应性

英汉两种语言属于不同的语系，属于不同民族的母语，不同环境的人们在生活经历和对外部世界的看法上也不可能完全一致。语言是客观事物在人们头脑中的具体反映，客观外部环境不同，对外部世界的认知也会引起习语的部分不对应。

英语习语和汉语习语都是在其文化的发展过程中，经过长期的社会实践所提炼出来的短语和短句，是文化中的精华。因此，在具体的习语表达形式上也会呈现各自特有的文化内涵。

英汉习语与其民族的文化历史渊源密切相关，并在社会、历史、心理、民俗等各类现象中得以反映。英汉习语的意义兼顾字面意义和文化意义。我们在理解习语的同时，也要对其意象加以转换，用合适的目的语阐释其内涵。这些不完全对应的习语被人们称为"半对应的英汉习语"。例如：

after one's own heart 正中下怀

plentiful as blackberries 多如牛毛

as silent as the graves 守口如瓶

castle in the air 空中楼阁

fish in the water 水中捞月

between the devil and the deep sea 进退维谷

to hit someone below the belt ／ to stab someone in the back 暗箭伤人

Beat the dog before the lion.

杀鸡给猴看。

Take not a musket to kill a butterfly.

杀鸡焉用宰牛刀。

A word spoken is past recalling.

一言既出，驷马难追。

3. 英汉习语的非对应性

由于英汉两个民族之间的差异，有的事物或现象，你有我无，反之亦然。在语言词汇或表达习惯上难免会出现各种各样的偏差。在英语习语中，存在大量与汉语习惯用法和汉文化特征大相径庭的习语，即非对应的习语。例如：

bull market 牛市

bear market 熊市

good luck 红运

one's face glowing with health 红光满面

二、英汉习语文化翻译

（一）保留形象释义法

在对英汉习语进行互译时，保留形象释义法就是保留原文中的人物、事件等的原有形象，为了方便译入语读者的理解，对这些原有形象进行进一步解释的方法。例如：

蛮夷小丑，如何瓜分得中国了，劝你不必"杞人忧天"，天不会垮的。……

（李六如《六十年变迁》第二章）

How in the world could those despicable foreign barbarians "partition" a country like ours?···The sky will not fall apart mind! It is not necessary to worry about that!

在对本例中的"杞人忧天"这一习语进行翻译时，就采用了保留其原有形象的译法。

（二）变换形象意译法

变换形象意译法是指在翻译习语时，为了使译入语读者完全理解原文意思，采用不再保留原文中人物等原有形象的方法进行变换形象意译。例如：

这都是汪太太生出来的事，"解铃还须系铃人"，我明天去找她。

（钱钟书《围城》）

Mrs.Wang is the one who started it a11. "Whoever ties the bell around the tiger's neck must untie it." I am going to see her tomorrow.

（珍妮·凯利、茅国权译）

在对本例中的"解铃还须系铃人"这一习语表达进行翻译时，采用了变换形象意译的方法。

（三）舍弃形象意译法

舍弃形象意译法就是将原文中的人物等形象完全舍弃掉，纯粹采用意译法进行翻译。例如：

姐姐通今博古，色色都知道，怎么连这一出戏的名字也不知道，就说了这么一串子，这叫作"负荆请罪"。

（曹雪芹《红楼梦》第三十回）

Why, cousin, surely yon're sufficiently well versed in ancient and modern literature to know the title of that opera.Why do you have to describe it? It's called Abject Apologies.

（杨宪益、戴乃迭译）

在对本例中的"负荆请罪"进行翻译时，舍弃了其原有形象进行了意译。

（四）转换形象套译法

由于中西两种语言的差异和不同的民族文化背景，习语在翻译时需要转换为译语读者所熟悉的形象。这些习语在内容和形式上都相符合，即对某一具体问题的思维方式和结果以及具体的表达形式有不谋而合的情况，两者不但有相同的隐义，而且有大体相同的形象和比喻。因此，可以使用套译，以达到语义对等的效果。例如：

虎口拔牙／太岁头上动土 beard the lion

spend money like water 挥金如土

While there is life, there is hope.

留得青山在，不怕没柴烧。

Fools rush in where angles fear to tread.

初生牛犊不怕虎。

第二节　英汉典故对比与翻译

典故可以说是对历史的浓缩，它不仅承载着过往的历史，也凝结着本民族的聪明智慧。典故折射着民族曾经的光辉历史，是民族文化的一座宝藏。对典故文化进行对比与互译，可以使不同民族的人们了解异国他乡的历史，促进世界各民族间的交流。下面就对英汉典故文化对比及互译进行探究。

一、英汉典故文化对比

英汉典故在来源方面是基本一致的，因而各自典故的设喻方式也大体类似。概括来看，英汉典故的设喻方式通常有以下几种类型。

1. 借助于地名设喻

借助于地名设喻指的是将特定时间或故事所涉及的地名作为喻体，用以表达一种特定的寓意或喻指。例如，英语中的 meet one's Waterloo（遭遇滑铁卢），滑铁卢是比利时的一个城镇，在这里发生的滑铁卢战役中，拿破仑率领的法军战败，后人就用此语来喻指惨遭失败。

汉语中也有这样的典故。例如，"东山再起"的典故讲的是东晋谢安退职后退隐东山做隐士，但是后来又出山任了朝廷要职，后来此语便用来喻指失势之后重新恢复地位、权势等。

2. 借助于人物设喻

借助于人物设喻是指将特定时间或故事所涉及的人物作为喻体，来表达一种特定的寓意。

例如，英语中有 a Herculean task（赫拉克勒斯的任务），这一典故取自古希腊神话，赫拉克勒斯是主神宙斯之子，力大无比，故被称为大力神，所以该典故用来喻指艰难的、常人难以完成的任务。再如，Shylock（夏洛克）是莎士比亚喜剧《威尼斯商人》中的一位内心残忍的守财奴，经常被用来指那些既吝啬小气又手毒心狠的人。

汉语中也有许多以人物设喻的典故。例如，"孟母三迁"原本说的是孟子的母亲在孟子幼年时。十分重视对邻居的选择，目的是为了给他选择一个良好的教育环境来教育他，并因此曾三次迁居，后来被用来喻指选择良好的居住和教育环境对儿童教育的重要性。其他的以人物设喻的汉语典故还有"成也萧何，败也萧何""姜太公钓鱼""王祥卧冰"等。

3. 借助于事件设喻

借助于事件设喻是指将特定的事件或故事作为喻体，用以表达一种特定的寓意或喻指。

例如，英语典故 the Last Supper 出自基督教故事：耶稣基督得知自己将被一门徒出卖之后，依然从容坚定，召集十二门徒共进最后的晚餐，同时当场宣布这一预言。后用该典故喻指遭人出卖。

汉语文化中也有很多以事件设喻的典故。例如，"负荆请罪"这一典故讲的是战国时期廉颇为自己的居功自傲、慢待蔺相如而向其负荆请罪，从而使将相复合。后用该典故指认错赔礼。

4. 借助于动植物设喻

借助于动植物设喻是指将特定的事件或故事所涉及的动植物作为喻体，用以表达一种特定的寓意。

例如，英语典故 scapegoat（替罪羊）源自《圣经》故事，讲的是大祭司亚伦将通过抽签抽来的一只大公羊作为本民族的替罪羊放入旷野以带走本民族的一切罪过，现用来指代人受过或背黑锅的人。

在汉语文化中，"鹬蚌相持，渔人得利"也是以动植物设喻的典型例子，讲的是一只蚌张开壳晒太阳，鹬去啄它，被蚌壳钳住了嘴，在双方相持不下时，渔翁来了，把两个都捉住了，后人用这一典故来喻指双方相互争执，却让第三方得了利。再如，"草木皆兵"，前秦苻坚领兵进攻东晋，进抵淝水流域，登寿春城瞭望，见晋军阵容严整，又远望八公山，把山上的草木都当作晋军而感到惊惧，后来被借来喻指惊慌之时的疑神疑鬼。类似的典故还有"狐死首丘"等。

二、英汉典故文化翻译

（一）直译加注法

对于一些英语典故，如果仅仅采用直译的方法很难使我国读者完全理解其中的寓意。如果改为意译，又很难做到保持原有的形象和风格。这时就可以采用直译加注法来对其进行翻译，这样不仅可以保持其原有的形象和风格，还可让读者理解其潜在的意义。例如：

A good dog deserves a good bone.

好狗应得好骨头。（有功者受奖）

There is no rose without a thorn.

没有不带刺的玫瑰。（世上没有十全的幸福，有乐必有苦）

An old dog will learn no new tricks（you can not teach old dogs new tricks）.

老狗学不出新把戏。（老顽固不能学新事物）

（二）直译联想法

在英汉两种语言中，有许多典故的含义或比喻意义基本相同，但是表达方法却存在很大的差异，这是由英汉两民族的文化差异造成的。对于这种情况，就可以使用直译联想法进行处理。所谓直译联想法，是指直译原文而得出的译文容易使译文读者联想到他们所熟悉的典故。例如：

Bad workmen often blame thei r tools.

拙匠常怪工具差。（联想：不会撑船怪河弯）

It's a long lane that has no turning.

路必有弯，世上没有直路。（联想：事必有变，瓦片也有翻身日）

He who laughs at crooked men should walk very straight.

笑别人驼背的人得自己首先把身子挺直。（联想：己不正能不正人）

（三）意译改造法

英汉文化中存在许多在形象和风格方面存在差别的典故，它们的意义大致相等，所以翻译时，只需略加改造即可达意，同时还可以避免改变原文典故的结构和习惯。例如：

0ne swallow does not make a summer.

这句英语谚语的直译是：

只发现一只燕子不能说明夏天的来临。

汉语里没有与此完全等值的谚语，但是有与其相似的谚语，如"一花不是春"或"独木不成林"等。因此，可以采用意义加改造的办法将其译成"一燕不成夏"。

（四）等值互借法

对于英汉文化中一些在意义、形象或风格上都比较相似或近似的典故，就可以采取等值互借法。例如，walls have ears，就可以借助汉语谚语将它译成"隔墙有耳"，这样既能忠实于原义、原有形象及风格，又符合汉语的谚语结构和习惯。这样的例子还有很多，如下所述。

Great minds think alike.

英雄所见略同。

Like father，like son.

有其父必有其子。

参考文献

[1] 蔡基刚 . 英汉词汇对比研究 [M]. 上海：复旦大学出版社，2008.

[2] 曹盛华 . 英汉语言对比与中西文化差异探究 [M]. 北京：中国水利水电出版社，2015.

[3] 邓炎昌，刘润清 . 语言与文化 英汉语言文化对比 [M]. 北京：外语教学与研究出版社，1989.

[4] 方文惠 . 英汉对比语言学 [M]. 福州：福建人民出版社，1998.

[5] 傅轶飞 . 英汉网络语言对比研究 [M]. 北京：国防工业出版社，2013.

[6] 关丽，王涛 . 英汉语言对比与互译指南 [M]. 哈尔滨：东北林业大学出版社，2008.

[7] 何善芬 . 英汉语言对比研究 [M]. 上海：上海外语教育出版社，2002.

[8] 侯广旭，孙雁冰 . 英汉对比语言学史 [M]. 南京：南京大学出版社，2013.

[9] 胡开宝，郭鸿杰 . 英汉语言对比与口译 a contrastive approach[M]. 大连：大连理工大学出版社，2007.

[10] 胡明扬 . 汉语言文化研究 [M]. 桂林：广西师范大学出版社，1996.

[11] 胡振东 . 英汉语言文化对比研究 [M]. 北京：中国戏剧出版社，2007.

[12] 姜治文，龚琳 . 英汉对比研究与翻译 [M]. 成都：电子科技大学出版社，2004.

[13] 金铠，田慧芳，唐希 . 英汉词汇模式对比研究 [M]. 成都：西南交通大学出版社，2014.

[14] 康英华 . 英汉语言与文化的多维对比研究 [M]. 北京：中国书籍出版社，2016.

[15] 李成明 . 英汉互译 [M]. 南京：东南大学出版社，2013.

[16] 李华钰，周颖 . 当代英汉语言文化对比与翻译研究 [M]. 长春：吉林人民出版社，2017.

[17] 李建军，盛卓立 . 英汉语言对比与翻译 [M]. 武汉：武汉大学出版社，2014.

[18] 刘瑞琴，韩淑芹，张红 . 英汉委婉语对比研究 [M]. 银川：宁夏人民出版社，2016.

[19] 刘晓林 . 历史语言学视野下的英汉语序对比研究 [M]. 上海：上海外语教育出版社，2015.

[20] 刘有发.英汉互译教程 [M].南京：南京大学出版社，2016.

[21] 陆国强.英汉概念结构对比 [M].上海：上海外语教育出版社，2008.

[22] 罗左毅.英汉语言文化对比概要 [M].社会科学出版社，2005.

[23] 冒国安.实用英汉对比教程 [M].重庆：重庆大学出版社，2015.

[24] 梅明玉.英汉语言对比分析与翻译 [M].杭州：浙江大学出版社，2017.

[25] 彭萍.中译翻译文库 实用英汉对比与翻译 英汉双向 [M].中国对外翻译出版有限公司，2015.

[26] 任颖.英汉语法对比研究 [M].成都：四川大学出版社，2015.

[27] 邵志洪.英汉对比翻译导论 [M].上海：华东理工大学出版社，2010.

[28] 宋畅.英汉否定概念对比与翻译 [M].北京：中国书籍出版社，2016.

[29] 孙霞，谢建国，吴箫言.当代对比语言学探索研究 [M].北京：中国纺织出版社，2017.

[30] 全益民.说词解句 英汉语言对比与翻译 [M].大连：大连理工大学出版社，2009.

[31] 王武兴.英汉语言对比与翻译 [M].北京：北京大学出版社，2003.

[32] 魏婷，孙丽.英汉语言对比与中西文化差异研究 [M].北京：中国书籍出版社，2016.

[33] 翁治清.英汉对比翻译研究 [M].北京：中国书籍出版社，2016.

[34] 吴坤.英汉对比与译作赏析 [M].银川：宁夏人民出版社，2016.

[35] 吴越民.文化话语视角下的英汉语言对比研究 [M].杭州：浙江大学出版社，2015.

[36] 习晓明.英汉语言共性研究 [M].成都：四川大学出版社，2008.

[37] 熊兵.英汉对比与翻译导论 [M].武汉：华中师范大学出版社，2012.

[38] 熊德米.英汉现行法律语言对比与翻译研究 [M].长沙：湖南人民出版社，2011.

[39] 许余龙.对比语言学 [M].上海：上海外语教育出版社，2010.

[40] 闫丽君，杨林.英汉语言文化对比与翻译 [M].银川：宁夏人民出版社，2013.

[41] 杨丰宁.英汉语言比较与翻译 [M].天津：天津大学出版社，2006.

[42] 张良军.实用英汉语言对比教程 [M].哈尔滨：黑龙江人民出版社，2006.

[43] 张尚信.英汉语言美的对比研究 [M].长沙：湖南大学出版社，2008.

[44] 张威.英汉互译策略对比与应用 [M].北京：北京语言大学出版社，2011.

[45] 张维友.英汉语词汇对比研究 [M].上海：上海外语教育出版社，2010.

[46] 郑野.英汉文化对比与互译 [M].北京：中国水利水电出版社，2016.

[47] 周玉忠.英汉语言文化差异对比研究 [M].银川：宁夏人民出版社，2004.

[48] 朱山军.英汉语言文化对比与广告翻译 [M].北京：中国对外翻译出版公司，2007.

[49] 朱永生. 英汉语篇衔接手段对比研究 [M]. 上海：上海外语教育出版社，2001.

[50] 庄绎传. 英汉翻译简明教程 [M]. 北京：外语教学与研究出版社，2002.